「何をやっても長続きしない人」の悩みがなくなる本

心理カウンセラー
石原加受子

はじめに

「長続きしない」って ほんとうにダメなことですか？

私たちは、普段から、それが当たり前だと思っていると「そうでない」とはなかなか気づけないものです。

その一つが、

「中途半端はいけないことだ。何事も最後まで、やり遂げなければならない」

こんなふうに思っていませんか。そして、

「どんなにつらくても、それを乗り越えなければ、人間として劣っている、幸せにもなれない」

などと思い込んでいるかもしれませんね。

実際には、そういう**「最後まで」**だったり**「苦痛に耐えて」**という**発想そのものが、自分を不幸にしています。**

どうして、イヤなことを最後までしなければならないのでしょうか。自分が決めたからといって、どうして、苦痛を覚えることを、我慢し続けなければならないのでしょうか。

そうやって我慢すれば、いったい何が得られるのでしょうか。

たとえば、職場で、そうやって耐えたとしましょう。もし、その場所が、ほんとうは、ブラック企業といった、もともと労働環境が悪いところだとしたら、どうでしょうか。

そんなところに、我慢しながら、苦痛に耐えながらがんばったとしても、なんの実りがあるでしょうか。そうすることで、誰が評価してくれるでしょう？

「がんばっていれば誰かが評価してくれる」というような言葉も聞かれますが、ほんとうにそうでしょうか。

では実際に、そんなあなたが、人目には、どういうふうに映ると思いますか。

自己否定の強い人は、自分を責めます。他者に対して不満がある人は、不満顔です。そんな表情や態度で他者と接していれば、相手はどういうふうに感じると思いますか。

最後まで苦痛に耐えても、他者は、決して、好意的な態度はとらないでしょう。

それでもまだ、あなたは、人間関係よりも「苦痛を乗り越えて、最後まで」に価値があると信じているとしましょう。

では、あなたは、そんな自分をどういうふうに見ていますか。

そうすることで、自己評価は高くなっているでしょうか。自己肯定感は、どうでしょうか。

どんな気持ちなのかは、いま、自分に問えます。

あなたがそうすることで、堂々と、気持ちよく、満足して人生を送っているのであれば、その「苦痛を乗り越えて、最後まで」は、あなたの好きなことをしていることになるでしょう。そのときは、実際には「楽しくて、最後まで」になっているでしょう。

本書では、**「最後までやり遂げなければならない」、「長続きしていない自分はダメだ」という思い込みをやめ、自分の人生をもっと楽しく、幸せにするための方法を書きました。**

「長続きしないこと」で、自分を責め、自信を失っている多くの人たちが、その苦痛から解放され、よりよい人生を歩んでいってくださることを心から願っています。

第2章 仕事が長続きしない

第3章 趣味が長続きしない

第4章 恋が長続きしない

第5章 人間関係が長続きしない

第6章 それでも「長続きさせたい！」と思うあなたへ

第1章

「長続きしない」あなたは、ダメな人？

「長続きしない」自分を責めてしまう理由

人の目ばかり気にしていませんか？

相手に対して思いやりがあり、相手の立場をよく考えるというのは、日本人の特質だと言われています。海外でも、スポーツ観戦のあと、日本人が積極的に掃除をしたりするなど、その和の精神が世界で話題になったりもします。

けれどもその一方で、〝個〟としての生き方に自信が持てないせいか、日本の若者は世界と比しても「自己信頼」が非常に低いというデータが出ています。

もともと、日本人は、温厚で従順な気質を備えています。それは美点でもあり、欠点でもあると言えるでしょう。

そんな気質が育った理由の一つとしては、地勢的に国土が狭いということが挙げられるのではないでしょうか。

狭い国土の中でたくさんの人々が一緒に暮らすには、協力し合ったり助け合ったりして、他者に気を遣わないと、たちまち摩擦が起きてしまいます。いまの日本社会の仕組みそのものも、誕生から墓場までレールがすでに敷かれているような一生であると揶揄《やゆ》されるように、多様的であることを許さないために、大勢の人たちがまとめて一括《ひとくく》りの行動をしてしまいがちになります。盆暮れにもなると、大群がいちどきに移動します。帰省先がないと、自分一人、取り残されたような気分になる人もいるのではないでしょうか。夏真っ盛りになると、その大群が海やプールに移動して、すし詰め状態で夏休みを過ごすというのも、日本人の特質を象徴しているようにも思います。こんな状態であってもめったにトラブルや事件が起こらないのは、「人のことを気にする」日本人だからこそでしょう。

たしかに大勢の人間が生き延びていく上では、そうやって、自分のことよりも他者との調和や協調といったものが、不可欠だったのだと思います。

生産性においても、協力し合い、みんなが一致した行動をとれば、効率がよくなるでしょう。

争い合っていれば、互いに反目し、相手を攻撃したり足を引っ張ったりするわけですから、生産性が高くなるわけがありません。心理的にも、争っていれば、他者を警戒して緊張したり、ネガティブな思考に囚《とら》われたりするために、持てるエネルギーを無駄に消費し、一つのことに打ち込む熱心さや意欲や集中力はぐんと落ちるでしょう。

「あの人がどう思うか」で、物事を決めている

もちろん、いいことばかりではありません。弊害もあります。

この日本人の協調性と従順さという特質が良くも悪くも相互作用として働いて

いるからなのか、日本人のもう一つの特徴が、一人で行動するよりも、群れて行動することを好むということです。

大抵の人が「仲間はずれ」という言葉を気にするように、**自分が人と違っていることをしていると、自分自身もそれを気にするし、周囲も、一人が自分たちから外れると、それを指弾するような雰囲気を持っています。**

芸能界も昔と比べると「グループ」単位で活動するタレントさんたちが増えてきています。個々の個性ではなく、グループの個性が、一人の人間の個性のような扱われ方をしていて、個々の個性は、ますます薄れていっているように見えます。

私はこれを総称して「**他者中心**」**の生き方**と呼んでいます。

この他者中心というのは、言うなれば、**他者を基準にした生き方**ということができます。

「相手は、自分のことをどう思っているのだろうか」

「人は、こんなとき、どう判断し、行動するのだろうか」

「人から見たら、なんて言われるだろうか」

「こんな行動をすると、あの人は、どう思うだろうか。嫌わないだろうか」

「こんなことを言うと、みんなから非難されるんじゃないだろうか」

などと、相手や周囲のことを気にしたりしながら、外側の基準に合わせて、自分の判断や行動を決める生き方です。

誰かと比べて、否定ばかりしてしまう

たしかに、他者の思うことや周囲のやっていることに合わせて決めたほうが、安心するという側面はあります。また、みんなと一緒に同じ行動をしていれば、成功を一人占めすることはできませんが、失敗して責任が発生したときには、その責任を分け合えるので、普段一人ではできないことでも、みんなとなら、一体感

を覚えながら行動しやすくもなるでしょう。

決して好ましいことではありませんが、問題が生じたときでも、

「だって、あの人が誘ってきたんです」

「私はみんなの意見に従っただけです」

というふうな言い訳もできるので、気分的に、責任をとる恐れも減るでしょう。

けれども、**そうやって外側の基準に合わせようとすればするほど、確実に「自分をなくして」いきます。**

物理的に他者や外側の状況に目を奪われていると、自分のほうが疎《おろそ》かになってしまいます。とりわけ最も自分にとって不都合な「他者中心意識」の一つは、**他者と勝ち負けを競い、また、そうやって競うからこそ、人と自分を比較してしまうこと**です。

たとえば職場で、

「Aはいつもテキパキと仕事するのに、私はいつも上司に、注意されてばっかり

いる」

というふうに考えてしまうあなたがいるとしましょう。

このとき、あなたは、「Aさんのできているところ」と「自分のできていないところ」を比較して、

「私は、Aさんのようにできなければならない」

と考えていたり、

「Aさんのようにできない私はダメだ」

と考えていたりするでしょう。

他者を基準にして、自分に対して否定的な気持ちがあれば、こんな思考しか生まれてきません。

このときあなたの頭と心は、Aさんのことで占められています。

そうなってしまうと、絶えずあなたはAさんを基準にして、

「Aさんは、あれができるのに、私はできない」

「Ａさんは、最後まで軽々とやってしまうのに、私は中途半端で終わってしまう」「Ａさんは何をやっても長続きするのに、私はすぐに挫折してしまう」というふうに、絶えずＡさんと自分を比較しては、自分の不甲斐《ふがい》なさを嘆いたり、自分の能力を否定したりするようになってしまうでしょう。すっかり「他者中心」の捉え方に陥っていて、まさしくこれが、「自分がない」状態です。

「何をやってもダメだ」と責めてしまうのは、なぜ？

昔はそんな他者中心であっても、まだ時代的に、「私が相手に親切にすれば、相手も私にしてくれる」というふうに、相手の善意や好意を信じていました。

自分のことを後回しにしてみんなの円満をめざして我慢しても、他者を大事にすることで、自分も他者から大事にしてもらえるというふうに思っていました。だからこそ、成り立っていた社会でした。

もちろん、問題がなかったわけではありません。だから、昔の時代がよかったと言いたいわけでもありません。むしろ、**他者に合わせて自分の心を置き去りにせざるを得なかった、こんな社会構造のひずみが、年月を経るうちに拡大していって、いっそう自分を見失いつつあるというのが現代なのではないでしょうか。**

日本人特有の他者中心の意識のまま、社会は次第に日常そのものが競争社会へと突入していくことになります。

他者を見て競えば、相手と自分とを優劣や強弱で比較するようになっていきます。争っていれば、相手や隣近所に対して「協力し合える者たち仲間同士」という見方をするよりは、「競争し合う相手」と見たり、ライバル相手とみなすようになっていくでしょう。

競争意識が高じれば、いっそう「勝ち負け」にこだわっていきますし、成果を追求するようになっていくでしょう。どんな方法でそれを成し得たかというプロセスよりも、**手段はどうであれ、成功するかどうか、勝つかどうかの成果主義のほうへと、重きを置くようになっていく**でしょう。

そんな競争社会や成果主義が追求される中、自分に課題を負わせたとき、それが達成できなければ、

「何をやっても、長続きしない」

「何に挑戦しても、中途半端で挫折してしまう」

などと自信をなくし、**自分を無能力者のように否定し始めるのは当たり前のことではないでしょうか**。もちろんそれは、事実であるかどうかとは、関係ありません。

社会の仕組みや、それに基づく心の動きが、そんなふうに、自分を否定的に評価し始める、ということなのです。

ポイント

●「他者中心」の生き方＝周りの基準に合わせて、判断や行動をする生き方

●「他者中心」「成果主義」「競争社会」に合わせた心の動きが、「長続きしない」自分を責めてしまう原因

「長続きしなければならない」は思い込み

あなたの心は何を感じていますか？

私がカウンセリングに携わるようになってから、すでに30年になります。その経験から得た知見を体系づけて整理し、「他者中心」「自分中心」という概念も考え出しました。それらを総称して「自分中心心理学」と名づけ、提唱し続けています。

読者の中には、すでにご存じの方々もいらっしゃるでしょうが、大事なことなので説明させていただきます。

まず、「他者中心」とは、自分の判断と行動の基準を、他者に求めてしまうことを指します。先の項で述べたのは、この「他者中心」の意識です。

他方、「自分中心」とは、**自分の判断と行動の基準を、自分の気持ちや欲求や意志といった自分の心に置くこと**です。

この両者の決定的な違いは、文字どおり、自分を中心にして生きるか、他者を中心にして生きるかという点です。

それによって、まったく生き方が変わっていきます。まさに、正反対の人生になってしまうと言っても過言ではありません。

自分中心であろうとするには、まず、**目を外側に向けるのではなく、自分自身に向ける必要があります**。ここが、他者中心と根本的に異なるところです。

自分がいま、どんな思いを抱いているのか。

相手が自分に向けて発した言葉やとった行動を、自分自身は、どういうふうに受け止めているのか、いま、どんな気持ちになっているのか、どんな感じ方をしているのか。

他人のことばかり気にしてる
他者中心

自分の欲求や願望に正直な
自分中心

こんな**自分の「気持ちや感情や欲求や感じ方」に焦点を当てます。**

そして、**可能な限り自分の心に寄り添い、自分に対して正直であろうとします。**

なぜなら、これが、「自分を傷つけない」方法だからです。

少しでも自分の心を裏切らないで済むようにと心がける。

自分の中にあるわだかまりやネガティブな感情を解放してあげる。

自分の思いや欲求や願望を満たす。

これが「自分中心」です。これはまた、言い換えると、**自分を信じることであり、自分を愛すること**だと言えるでしょう。

人と比較するから、「中途半端」だと感じる

「他者中心」に陥ることで生じる最大の弊害は、それを続けていくとどんどん自信をなくしていくということに尽きるでしょう。現代の若者が世界でも突出して自己評価が低いというのも無理からぬ話です。

前述したように、他者と競いながら、人と自分を比較していけば、

「みんなはできているのに、私はできない」

「できるのが当たり前なのに、どうしても私は、中途半端で終わってしまう」

「みんな、見ていると、結構長続きしているのに、私はすぐに挫折してしまう」

といったふうに、自分を自ら貶《おとし》める思考が次々と生まれてきます。

あたかも**自分が人間失格であるかのように思えてしまうのは、ほんとうは、単に他者中心に陥っているからに過ぎません。**

たとえば、「石の上にも3年」「桃栗3年、柿8年」といった言葉があります。

これは、芽を出し、それが実となるまでには時間がかかる、つまり、何事においても成し遂げるまでには相応の年月がかかるものだ、ということの例えです。

たしかに、物事は一朝一夕に成し遂げられるものではないでしょう。けれども、こんな言葉をどう解釈しているかは、人それぞれです。

もし、こんな言葉を文字通り受け止めてしまっている人は、

「一つのことを成し遂げるには、時間がかかるのだ」

と思い込むことになるでしょう。それは言い換えると、

「時間をかけなければならない」

という言葉にもなります。

「何事も、最後までやり遂げなければならない」

といった思考に変換したりもします。

この言葉に、

「初志貫徹」

といった言葉が加われば、さらに〝我慢〟という言葉と結びついて、

「我慢して、最後まで」

と、自分を強く規制する言葉となっていくでしょう。

こんな言葉をさらに強化するのは、

「やり始めたら、最後までやらなくちゃ、ダメじゃないか」

といった親の叱責《しっせき》かもしれません。あるいは、親や兄弟姉妹から、

「どうして、そんなこともできないんだ。お前はいつも、中途半端だな」

などと嘲笑されれば、ますます「最後までしなければならない」、でも、「最後までできない自分は、ダメだ」「長続きしない自分は、ダメだ」となっていくでしょう。

ブラック企業に3年勤めても、仕方ない

こんな言葉に慣れてしまっている私たちは、気づかずにそれを基準にした考え方をしてしまっています。その基準を絶対視すれば、やっている途中で、

「これは、自分がやりたいことではなかったな」

と気づいたときでさえ、そんなふうに思ってしまう自分を、

「自分の根性がなっていないからだ。甘いからだ。忍耐力がないからだ」

などと責めてしまうでしょう。

実際、仕事に就くと「新卒は、最低3年は続けないと、やめて再就職するとき条件が悪くなる」というのが通説になっています。職歴が多い人も転職市場では敬遠されてしまうこともあるようです。

そのために、

「いますぐにでも、この職場はやめたいけれども、とにかく3年はがんばろうと思うのです。でも、どうしても苦痛でたまりません。どうしたらいいんでしょうか」

という相談を受けたこともあります。

けれどもほんとうに、**自分が苦痛に感じていることを我慢して3年も耐え抜く必要があるのでしょうか。**

客観的な状況を見たとき、そんな状況や環境が適切でない場合も少なくありません。

たとえば、仕事で言えば、ブラック企業と言われるような労働環境や労働条件が劣悪な会社が存在します。

こんなところに属しているときにも、普段から自分を粗末に扱うことに慣れてしまっている人は、周囲の要求や強制に応えようとして、「中途半端ではいけない、最後までやらなければならない」などと考えてしまいます。どんなに劣悪な環境であっても、黙って我慢して耐えようとするでしょう。

こんな我慢が健全であるわけがありません。

しかもそうやって、**自分の気持ちを押し殺して会社の要求や強制に従おうとすればするほど、苦しくなる**でしょう。

ポイント

- 「自分中心の生き方」＝自分の気持ちや欲求を基準にした生き方
- 「中途半端」な人間だと思うのは、他人と比べているから
- イヤなことを無理やり続けている必要はない

「中途半端ではない状態」ってどんな状態？

「中途半端ではない状態」は「幻想」

他者中心の典型的な特徴の一つとして、「完璧に、完全に」ということが、知らず知らずのうちに自分の理想となっていることが挙げられます。

自分の意識を外側に向けて、他者と競ったり比較したりしていれば、誰よりも優れている自分や、その中でトップに立つ自分が理想の姿となっていくでしょう。外側の義務や規則や秩序や常識といったものに従う生き方をしていれば、それらを「完璧に、完全に」達成するのが目標となっていくのは当然のことでしょう。

もちろん、そんな理想が叶《かな》うことはありません。他者中心の意識でめざす理想であれば、なおさらです。

なぜなら、そんな理想は、**思考やイメージが作り出した「幻想」でしかないからです。**

スポーツでしたら、優勝というゴールがあります。点数形式の試験も、満点というゴールがあります。売り上げを競う職場であれば、トップというゴールがあります。

たしかに、こんなふうに形として数値化できるものを理想とするなら、達成することはできるでしょう。

では、改めて「中途半端ではない状態」「完璧な状態」というのは、いったい、どういう状態なのでしょうか。

自分に向かって「中途半端な自分ではダメだ」と責める人たちに、折に触れてこんな質問をしたとき、明確に答えられる人は、結局一人もいませんでした。

自分の中に理想とする明確な「中途半端ではない状態」がないとすれば、いわ

ばゴールがないのですから、何をやっても中途半端という言葉になってしまうでしょう。

部屋を完璧にきれいに、と思っても、完璧にという状態には限界がありません。語学を完璧にマスターしなければならないと思っても、その完璧には上限がありません。ましてや、他者と比較していれば、その完璧は、どんどん遠のくばかりでしょう。

もしかしたら、何か技能を習得しようとして、その習得には技能試験があって、それに合格すれば修了したということで、「中途半端」ではなくなるかもしれません。

けれども、技能習得を修了したからといって、それを活用できなければ、「中途半端」になるでしょう。少なくとも「完璧に、完全に」という理想を掲げている人であれば、それを「中途半端」と認識するに違いありません。

こんなふうに**観念的な捉え方をして理想をめざしている限り、それこそ死ぬ間**

際まで続けていなければ、すべてが「中途半端で終わる」ことになるでしょう。

そんな「中途半端」感は、いわば、**ゴールのないゴールをめざすようなもので**す。

そんなゴールをめざして「最後までやらなければならない」と思っていれば、いつまで経っても、その「最後」はやってこないでしょう。

あるいは、そうやってめざしていることに苦痛を覚えたとしても、「しなければならない」と自分に強制するでしょう。

繰り返しますが、ゴールのないゴールをめざしていても、決して、そのゴールに到達することはありません。ゴールに到達して「やったあ！」という満足感を味わうこともないでしょう。

実在しない「中途半端ではない状態」をめざして、最初から「やらねばならない」という思考から始めて、最後まで、「やり終えなければならない」という解釈をしているとすれば、すべてにおいて「中途半端で終わる」のは、当然のことで

「中途半端ではない状態」は幻想

しょう。

それは、そもそもそんなめざし方のほうが、間違っているからです。

ネガティブな感情が「中途半端な気分」にさせる

ゴールのないゴールですから、終着点がありません。

そんな終着点がないゴールをめざしている限り、すべて中途半端で終わるような気分を、いつも抱くことになるでしょう。

他者中心になっていると、他者のことを強く意識するため、物事を判断するとき、

「AとBと、どちらを選んだほうが、自分にとっていいだろうか」

と思考します。このとき、自分の気持ちのほうは、無視しています。

「Aを選ぶと得するだろうか、損するだろうか」

などといった、損得勘定も働きます。このとき、自分の気持ちのほうは疎かになっています。あるいは、

「あの人がいいと言ったから。みんなが言うんだから、間違いないだろう」

というふうに、他者を参考にして決めようとします。

こんなふうに、**他者の言動に焦点を当てて決めようとしたら、はっきりと決める基準がないので、迷ってばかりいることになる**でしょう。

もちろん、こんな決め方が悪いというわけではありません。

「あの人の意見を聞いてよかった。とても参考になった」

ということもあるでしょう。

けれども、最も大事なことは、自分の心が納得しているかどうか、です。

この「納得するかどうか」というのは、自分の心に沿っているかどうかという意味です。自分の心に反していれば、それに応じて不満が残るでしょう。

こんなとき、自分自身が、

「いま、自分は、自分の心に沿っていない選択をしたんだ」

という自覚があれば、まだ自分を認識しているので、その分不満が減ります。

けれども、自分の心に気づかなければ、自分がなぜ不満を抱いているかにすら、気づけないでしょう。

自分がどんなことに不満を抱いているのか。その不満を具体的につかめなければ、解消できない不満だけが積もっていくことになるでしょう。

つまり、大抵の場合、**やっていることが中途半端なのではなく、スッキリしないネガティブな感情がくすぶり続けるので、「中途半端」であるような気分を抱え込んでいる、**ということが真相なのではないでしょうか。

「自分を中心」にすれば、「中途半端」ではなくなる

自分中心の人は、こんな発想はしません。

それは、自分が判断したり行動したりする基準を、自分に置いているからです。

この**「基準を自分に置く」というのは、「自分の気持ち、感情、欲求」を基準にして物事を判断したり行動したりする**、ということです。

自分中心の視点からすると、そもそも「中途半端」という捉え方そのものが間違っていると言えるでしょう。

ゴールのないゴールを基準にして「長続きしない」と自分をジャッジしてしまう、その思考そのものが、適切ではありません。

たとえば、悲観的な思考をしがちな人は、普段から、自分の否定的な面ばかりを拾う癖がついています。そのために、わざわざ、できていないところ、長続きしないところを見つけては、自分を責めていきます。

しかしながら、客観的には、自分が最後までやったことはたくさんあるはずです。

たとえば、コミックを最後まで読み終えた。本を最後まで読み終えた。ゲームを最後までやり遂げた。こんなふうに、**私たちは、「最後までやり終える」ことを無数に体験しています。**

自分はいつも中途半端で終わってしまうと思い込んでいる人は、「娯楽だから、おもしろいから、楽しいから、最後までできるのは、当たり前だ」と答えるでしょう。

けれども本来、**頭を使うことも身体を使うことも、それが自分の欲求や希望から生じたものであれば、楽しいと感じるもの**です。それらを排除して、長続きしなかったことばかり拾っていけば、そのことで頭をいっぱいにすることができるでしょう。

しかしそれは、**自分がほんとうに中途半端なのではなく、ネガティブな面ばかりを拾ってしまう「思考の癖」が問題**だということになるでしょう。

「途中でやめる」ことが大切

自分中心的視点から見ると、そもそも「どうして中途半端が悪いのだろう」と疑問を抱いてしまいます。

大半の人たちが、中途半端を悪いイメージで捉えているのではないでしょうか。だから、中途半端という言葉を使うのでしょうが、これも、「最初から最後までやらなければならない」という思いや「我慢しなければならない」という誤った認識とがセットになっているように思います。

こんな思い込みで自分を見れば、「最後までできないところ」ばかりに目が行くでしょう。

たとえば、あなたが、お風呂の掃除をしたとしましょう。

お風呂に入りたいと思っているあなたは、

「きれいに掃除して、よかった。これでお風呂に入れる」

と満足するでしょう。

では、「掃除をするからには、すべての部屋を完全に最後まできれいにしなければならない」と思っている人であれば、どうでしょうか。

お風呂がピカピカになったとしても、家の隅々まで見渡して、

「ああ、あそこもしていない。ここもしていない」

となるでしょう。

他方、「お風呂の掃除を、最後までできた」という人は、日にちを空けて掃除したとしても、

「今日は、Aの部屋を、最後までできた」

「今日は、Bの部屋を、最後までできた」

あるいは、

「Aの部屋のクローゼットを整理できた」

他者中心の考え

自分中心の考え

というふうに、自ら意識して細かく分けて捉えれば、むしろ、「最後までできた」という達成感を何度も味わうことができるでしょう。

こんなふうに論じてみると、**物事を達成するには、むしろ「途中でやめる」ことのほうが重要**となってきます。

途中でやめなければ息切れしてしまうので、続くものも続かないでしょう。それを無理して、**「我慢して最後までやろう」とするから、中途半端というスッキリしない感情を残したまま、終えてしまう**のではないでしょうか。

換言すれば、むしろ「中途半端で終えられることのほうが重要である」にもかかわらず、それをネガティブに解釈してしまうのは、苦痛を覚えながらもやり続ける忍耐や我慢を美徳とする、誤った社会通念がもたらした大きな弊害である、と言えるのかもしれません。

ポイント

- 「ゴールのないゴール」をめざしていても、永遠に「中途半端」なまま
- やっていることが「中途半端」なのではなく、ネガティブな感情がくすぶるから「中途半端」な気持ちになる
- 自分の気持ちを基準にすれば、「中途半端」という捉え方はなくなる
- 「我慢して最後までやる」のは逆効果
- 「途中でやめる」のが大切

第2章

仕事が長続きしない

仕事は「最低3年」は続けなければ、ダメ？

我慢して「3年」続けたほうがいい？

仕事では、やめたくなっても「最低3年は」というのが通説になっているようです。

もちろん、最低3年という言葉に左右されず、当たり前のように続く人もいるでしょうし、学生時代よりもやり甲斐を覚えるという人もいます。

けれども、すでに自分がやめたくなっているにもかかわらず、「3年は我慢したほうがいい」というのは、どうでしょうか。ほんとうに「3年耐えたら」、耐えた分のメリットがあるのでしょうか。

「はい、それなりに評価されますよ」

と答える人もいます。

仮に履歴書的にはそう評価されるとして、そうすることで、自分の心にどんな変化が生じるでしょうか。ここが無意識と関係があるところですが、そこまで深く考察を試みる人は稀《まれ》であるに違いありません。

学生時代を振り返ると「あのときは、あんなに自信にあふれていたのに」という女性がいます。

「学生のときは、がんばれば必ず報われた。でも、社会人になったらそんな自信なんて、瞬く間に萎《しぼ》んでしまいました」

と、その違いがわからないと彼女は言います。大きな理由の一つは、勉強の成績が、スポーツ競技と同じように点数制だったからでしょう。点数制の成績で問われるのは、応用力よりも暗記力のほうです。暗記する能力が高ければ、成績もいいでしょう。この「暗記力」は、「記憶力」とも異なります。

記憶力であれば、まだ、その記憶を辿《たど》って新しい知識を得たりスキルを学習したりできるでしょう。けれども単なる丸暗記では応用が利きません。それはまるで、誰も住んでいない離れ小島のように、ほかの知識から独立しています。単独でそこに「あるだけ」でなんの役にも立たない、というようなイメージです。

「つらい3年」は、将来に悪影響

そんな丸暗記は、点数制の成績には有効だったかもしれませんが、社会に出れば、それはたいして役に立ちません。必要とされるのは、全体を包括的に捉えて把握し、それを使う応用力です。生きる知恵、生活の知恵というものも、言い換えればそんな能力です。ただひたすら、机に向かっていれば、あとは黙っていても、誰かが、自分の行く道にレールを敷いて導いてくれるというものではありません。学業と違って、自分で判断し、行動することが一気に増えていきます。

ひたすら成績を競って、点数をあげることに必死だった人たちにとっては、「これまでのことが、まったく通用しない！」という驚きから、いきなり別世界にワープしたようなショックを覚えるかもしれません。

なかには上司や先輩の指示に、「黙って従ってやっていれば済むんだから、ラクなものだ」という人もいるかもしれません。

けれども、もしあなたがいつの間にか社会生活の中で、「いつも私は、中途半端で終わってしまう。何をやっても長続きしない」などと自分を嘆いているとしたら、恐らくあなたはそうやって、他者の言うことに「黙って従ってきた」人なのではないでしょうか。

教科書をそのまま丸暗記したものは短期記憶といって、試験が終わったときなど、必要なければすぐに忘れてしまうものです。

他方、自分が実社会や実生活で体験した出来事は、リアルな体験です。

リアルな体験には、さまざまな情動が起こり、〝実感〟が伴います。記憶に情動が伴えば、長期記憶として残りやすくなります。車の運転や泳ぎ方など、繰り返すことによって身体で覚えたものを忘れないのも、長期記憶のおかげです。

あるいは、たった一度であってもインパクトのある出来事として心が反応すれば、それは長期記憶として心に刻まれることになるでしょう。

しかもそんな**繰り返しや強烈な出来事は、単なる記憶としてだけでなく、自分の一定の言動パターンや固い思い込みとして、自分の意識の底に深く根付くこともあります。**

実際には、私たちにはたいしたことではないように思える日常の体験的な繰り返しでさえ、想像以上に、私たちの人生に影響を与えているのです。

たとえば、あなたは「とにかく3年我慢すれば、職歴で有利になる」と考えて、本音のところはやめたいと思いつつも、3年がんばってからやめたとしましょう。

自分では気づかないかもしれませんが、**「3年前の自分」と「3年後の自分」とでは、まったく違った人間になっているかもしれません。**しかもその3年間が、未来にも影響するとしたらどうでしょうか。

楽しくないと「継続は力」にならない

「継続は力なり」という言葉があります。

その意味の捉え方は、人それぞれです。**これも他者中心的な捉え方をするか、自分中心の捉え方をするかで異なってきます。**

いま自分が取り組んでいるものに、「楽しい、おもしろい、ワクワクする」といったポジティブな気持ちを感じながらやるとしたら、継続してやることも苦にならないでしょう。自分の好きなものは、何時間やっても飽きないのと同じ理屈です。

そんな「好き」を実感できれば、「継続は力なり」を発揮できるでしょう。

けれども、同じことでも、

「でも、再就職に有利だから、最低3年間はがんばろう」

と苦痛を覚えながらするとしたらどうでしょうか。


「今度こそがんばろう！」と思っても、会社に行けなくなる

数回、転職経験のある20代後半の女性は、いつも最初は新鮮な気持ちで楽しく仕事に取り組め、覚えも早いと褒められることもありますが、

「慣れてくると仕事内容に飽きてしまうのか、しばらく勤めると、もう、朝行きたくない気持ちでいっぱいになってしまいます」

せっかく優良企業に勤めたのだから、

「すぐにやめたら、自分のキャリアに傷がつく。最低、3年間はやり通さないと

悪い継続

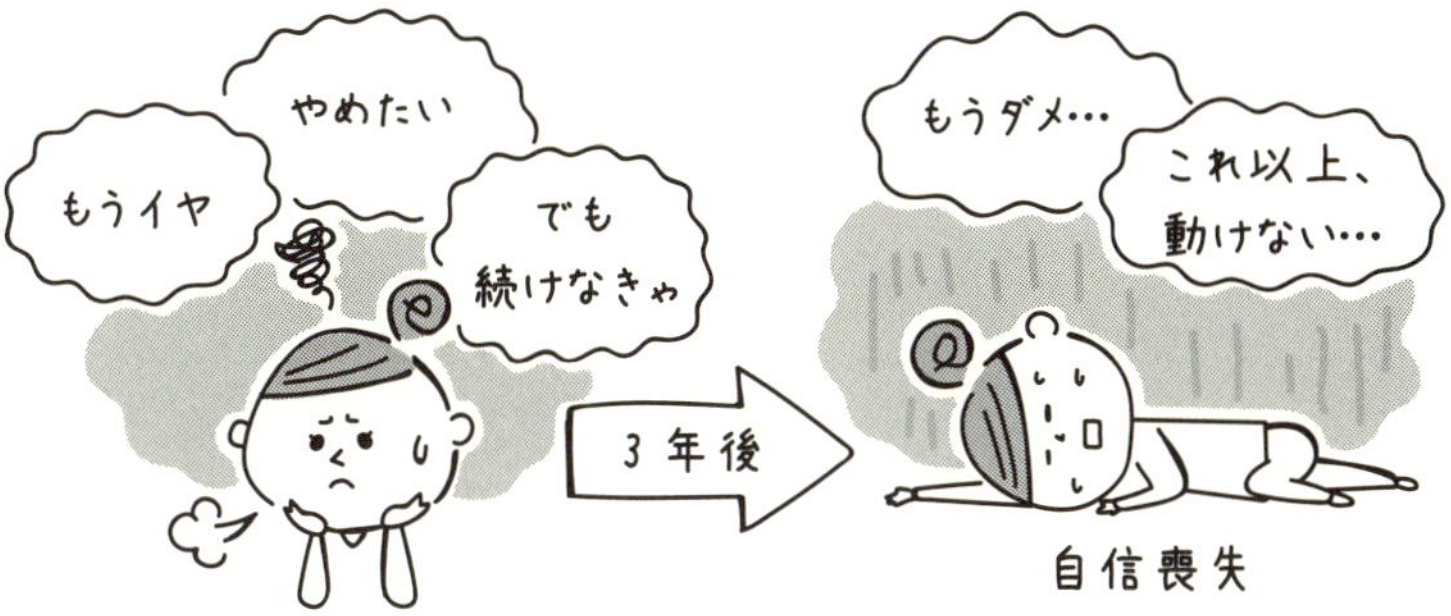
やめたい
もうイヤ
でも
続けなきゃ
3 年後
もうダメ…
これ以上、
動けない…
自信喪失

良い継続

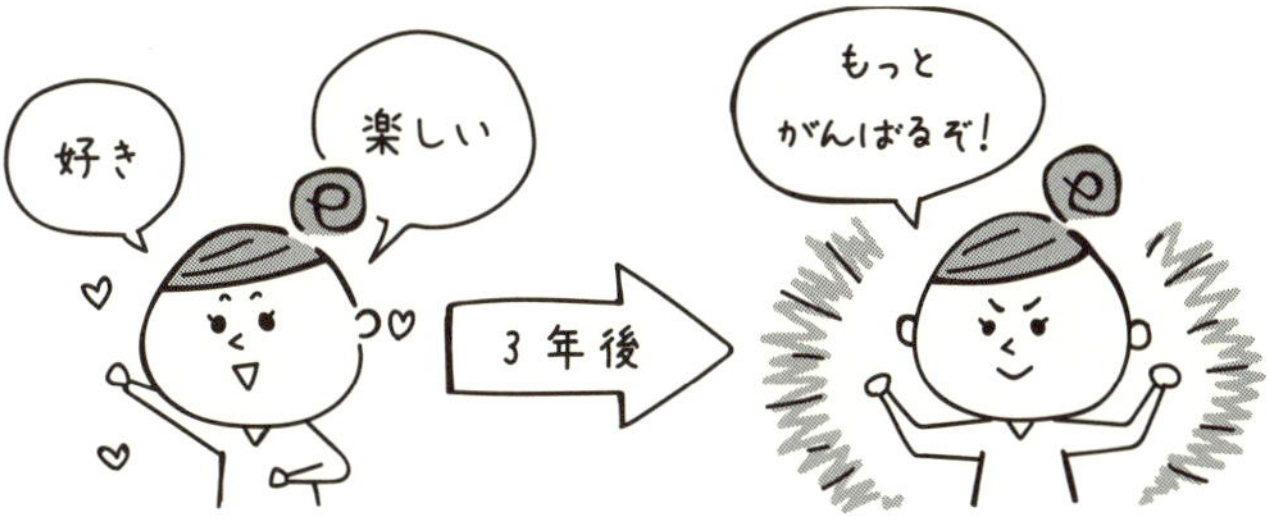
好き
楽しい
3 年後
もっと
がんばるぞ!

自分のプライドが許さない」

という気持ちもあって、今度こそはせめて3年間がんばってみようと思うのですが、すでに身体が言うことを聞かなくなっていると訴えます。

こんな状態で、彼女が3年間我慢して勤め続けられたとしても、果たしてそれが自信につながるでしょうか。

むしろ、そうやって**3年間我慢し続ければ、いっそう彼女は苦痛が増大して、働くことができなくなってしまう可能性のほうが高い**でしょう。

「完璧」をめざして我慢しても、ボロボロになる

彼女はその理由を「飽きてしまうからなのか」と答えていますが、そうではありません。よくよく話を聞くと、彼女が行けなくなってしまった最大の理由は、「みんなの期待に応えなければならない」というプレッシャーでした。

最初のうちは、ミスや失敗を繰り返しても「新入社員だから」ということで大目に見られます。彼女自身も、「まだ、入ったばかりだから」と自分に言い訳ができます。

しかし、次第にそういうわけにもいかなくなったとき、彼女は「期待に応えられない自分」を恥ずかしく思いました。

つまり彼女は、**周囲の期待に応えなければという他者中心の意識に陥って、それができないために、途中でやめるということを繰り返していた**のでした。

この「3年間我慢すれば」という意識は、第1章で述べた「ゴールのないゴールをめざす」とどこか共通しています。それは、「完璧に」という意識にも通じるものがあって、いずれも、どこまで行っても終わりがありません。

それでも「**いつかは」という気持ちでがんばっているうちに、身も心もボロボロになっていく**でしょう。最後には、新しいスタートを切る気力も自信もなくしてしまうという結果にもなりかねません。仮に転職しようとしても、以前の自分

の姿が重なって、

「ああ、また、あんなつらさに耐えなければならないのか」

などと考えたら、がんばる気力さえなくしていってしまうでしょう。

ポイント

●「つらい3年間」を我慢して過ごしても、ボロボロになるだけ
●「楽しい、おもしろい」というポジティブな気持ちがあって初めて、「継続は力」になる

自分に厳しくするのはやめよう

「みんなに迷惑をかけるから」やめたほうがいい？

ある40代の女性は、パートから正社員になったときから、仕事をやめたくなっていました。

パートで勤めて、その勤務ぶりが認められて正社員になったと聞けば、人はうらやましいと思うでしょう。

けれども彼女自身は、

「上司から、能力がないと思われている」

と信じています。

というのは、上司から、

「これは、以前に教えたから、もうできるよね」

と言われたり、

「ほかの部署では、こんなことは、誰でもできてるから、あなたもできますね」

などと、皮肉っぽく言われたこともあるからでした。

もっともこれは、あくまでも、彼女はそう解釈したというだけで、ほんとうに皮肉であったかどうかはわかりません。

パートとして勤めているときは、できなくても「私はパートなんだから」と割り切れたので、ラクだと感じていました。実際に、これまでは、黙って上司の言うことに従っていれば、無難にやり過ごせてもいました。けれども、正社員になると、そういうわけにはいきません。

はっきり上司から言われたわけではないのですが、職場にいると、

「もっと、テキパキとやってほしい。これぐらい、できてほしい」

と要求されているように感じます。

これも、正確には、そう要求されているかのように、彼女が受け止めたのは事実ですが、本当に上司にそのような意図があったかはわかりません。

「ほんとうは、仕事帰りや休日にも、スキルアップのために勉強すべきなんでしょうが、どうしてもそこまでする意欲が湧きません」

と、彼女は、自分が何かにつけても「中途半端だ」と思い込んでいるせいか、最初から「私には無理だ」という顔をします。

そして、

「迷惑をかけるんだったら、私がやめたほうがいいんじゃないか」

と、やめる理由を半ば人のせいにして話します。

「やめたい」気持ちを受け止めよう

その半面、「完全に」あるいは「最後まで」という他者中心の意識から芽生えるプライドが、やめることを許しません。それでやめてしまうと、自分が敗北者のように感じてしまいます。

とはいえ、評価されるために成果をあげなければならないというような思いを抱きながら、「なんとか、最後まで自分の力で」などと自分に発破をかけていれば、日増しにつらくなるでしょう。自分を窮地に追い込むような緊迫感で仕事に臨めば、ミスや失敗も増えるでしょう。

彼女の場合は、実際には、職場で大きな問題が起こっているわけではありません。彼女が他者中心的意識で、勝手にネガティブな思考を広げていって、自分で自分を苦しめているだけです。もちろん、こんな思考を続けていけば、夜も眠れないほど悩むことになるでしょう。

もっとも、この悩みからネガティブな思考を取り払って、もっとシンプルに捉えることができるなら、それは、

「いま、私は、この仕事をやめたくなっている」

ということに過ぎません。

しかし彼女は、**いま自分がやめると「敗北者」のように感じてしまうため、自分が「やめたくなっている」という事実を認めることができないでいる**のです。

ではもし彼女が、そんな自分を素直に認めることができれば、どうなるでしょうか。

そこで、あなたも、

「そうか、理由はいろいろあるけれども、私は、いま、やめたくなっているんだな」

こんなふうにつぶやくと、どんな気持ちになるか、試してみてください。

文字だけで読むと、わからないかもしれませんが、実際に声に出して読むと、心がラクになるはずです。

「自分の気持ちを認める」というのは、こんな〝感じ方の状態〟です。

ネガティブ思考がなくなると、ほんとうの理由がわかる

こんな言葉で自分のやめたい気持ちを認めると、自分を苦しめるネガティブな思考の連鎖を断ち切ることができます。

ネガティブな思考が止まれば、それだけで、心がホッとして落ち着きます。

これが、「自分の気持ちを認める」ということです。

そうやって冷静になれたとき、初めて、

「どうして、やめたくなっているんだろうか」

という理由や原因に気がつくこともしばしばです。

彼女の場合、ネガティブな思考で、ほんとうの理由や原因がわからなくなっていました。けれども、職場での自分を振り返ったとき、思い当たったのは、パートから正社員になったときに割り当てられた仕事の役割や量を負担に感じているというのが、最も大きな理由でした。

彼女はそれを一人で抱え込み、「黙って従っている」パターンどおりに、一人でなんとかしようとして、率直に上司に相談するという方法すら、思いつかないでいたのです。

もちろん彼女が、すぐに相談できるよ

うになるとは限りません。「相談する」ということをこれまでしてこなかった彼女にとっては、ハードルの高いことかもしれません。が、少なくとも、自分が長続きしない原因が見えてきたし、また、「どうすればいいか」の方法もわかってきたので、あとは実践するのみ、という段階にまできています。

こんなふうに、中途半端だったり、長続きしないと悩む理由や原因が、思いもよらないところにあったりするものです。

無理をすると「努力しても報われない」と思い込んでしまう

なかには、「3年間」という区切りを設けることで、つらくても発奮できるという人もいるかもしれません。人生に苦労はつきものだと信じていれば、なおさらでしょう。

けれども、**「継続は力なり」を体験として自分の人生に生かせるのは、その3年**

間をどんな心持ちで過ごしたかによって違ってきます。

たとえばあなたが、その3年間を、「我慢しなければならない」という思いから、その苦痛に耐えながらがんばったとしたら、それは3年間、「苦痛を覚えながら我慢してがんばる」レッスンをしたことになります。

もしあなたにそんな経験があるとしたら、その結果、どうなったでしょうか。その我慢が報われたのか、そうではなかったのかについては、どうでしょうか。

私自身は、その「がんばる」という言葉にも違和感を覚えます。

「がんばる」という言葉の中には、「我慢する、苦痛に耐える、自分の意に反して、歯を食いしばって」というような、自分に対して過酷な要求をしているようなものがあると感じます。

もしその職場で3年間、上司や先輩に対して「黙って従う」ことをやっていれば、

「どんなにつらくても、黙って従ってがんばれば、きっと報われる」

というような考え方をするようになります。そう考えなければ、つらくてとても耐えられないからです。「報われる」と思っているうちはまだいいですが、この考え方はしばしば「つらい思いをしなければ報われない」にすり替わってしまいます。

もともとネガティブな気持ちからスタートしているうえに、苦しい環境に身を置いているので、よりネガティブなほうに傾いていくのは、ほとんど必然といっても過言ではありません。

そんなとき、**「報われない」経験を繰り返してしまうと、「努力しても、どうせ報われない」という思い込みが、無意識にしみついていってしまいます。**

無意識にしみついた思い込みの影響というものは、一般に考えられているよりもずっと強いものです。「報われない」と無意識に思っていれば、集中力は落ち、仕事や生活も余計に苦しくなるでしょう。いっぽうで、「つらい思いをしなければ報われない」とも思っているので、自分からつらい環境に身を置こうとしてしまいます。その結果、「努力してもどうせ報われない」ということになるように、自ら選択していってしまうようになるのです。

「楽しい、幸せな」選択肢を選ぼう

いずれにしても、なんだかとても厳しい、つらい生き方のように思いませんか？ こんな状態を「継続は力なり」と捉えているとしたら、誰もが中途半端に終わるでしょう。

自分自身に、そんな厳しい条件を突きつける必要はまったくありません。

なぜなら、そんな選択の中には、「楽しい、嬉《うれ》しい、おもしろい、満足だ、幸せだ」といったポジティブな実感が存在しないからです。まったくないとは言いませんが、それを選択するとき、**最初から「楽しい、嬉しい、おもしろい、満足だ、幸せだ」といったポジティブな感情や欲求に焦点が当たっていなければ、そのプ**

ロセスにおいても、ポジティブな実感を味わうことはないでしょう。

また、ポジティブな実感が乏しければ、そのプロセスが、「継続力」をもたらすこともないでしょう。そうであるならむしろ、長続きしないことのほうが、より自然なのではないでしょうか。

これについては、あとの章で、もっと詳しく述べていきたいと思います。

ポイント

- まずは「やめたい」という自分の気持ちを受け入れる
- ネガティブな思考をやめ、ほんとうの原因を考える
- 無理をすると、「がんばっても報われない」という考えが無意識に刷り込まれる
- ポジティブな感情や欲求に焦点を当てよう

どうして何度も転職を繰り返してしまうのか

「誰かに従っていたほうが、ラク」?

ある人の本の中で、

「人間は本来、自分で考え判断して行動することに苦痛を感じる。黙って従っていたほうがラクなのだ」

という文章を読んだことがあります。

しかし、ほんとうにそうなのでしょうか。

たしかに圧倒的多数の人たちは「黙って従っていたほうがラクだ」、あるいは「黙って従っていたほうが安全だ」と考えているかもしれません。

けれども、この場合の「ラクや安全」は、考えることが苦痛だからではないように思います。

現実的に、最初から社会環境や家庭環境が「黙って従っていれば、あなたの安全を保証します」となっていれば、自分で考えて行動することを苦痛に感じたり、「黙って従う習慣」から、自分で考えて行動することに恐怖を抱くでしょう。

では、最初から社会環境や家庭環境が「自分の気持ちや感情や欲求を基準にして判断し、自分で自由に決めてください」となっているとしたらどうでしょうか。

自分の気持ちや欲求を満たすことは、喜びです。

さらには、自分の気持ちや欲求を満たすために判断し、選択して行動することも、自分を満たすためのものであるために、喜びとなるでしょう。

感じ方という点においても、「従っていたほうがラク」という状態の〝ラク〟と、「自分が自分の望みや欲求を満たすために考え、行動する」という状態の〝喜び〟とは、その質がまったく違うように思います。

前者はそもそも、自分の心の自由や、自分のために生きる喜びや満足感といったものを阻害しています。

この「黙って従う」という状況は、言い方を換えれば、「誰か自分に指示、命令する人がいる」ということです。

その相手は、人である場合もあるし、社会の規範や規律、ルールや一般常識や慣習、あるいは社会によってもたらされるお仕着せの価値観である場合もあるでしょう。

仕事が嫌いではないのに転職を繰り返すわけ

むしろ私は、この「従っていたほうが、ラクだ。安全だ」という思い込みが、著しく人間としての自分の価値を貶め、それが「中途半端な人間だ」と自分を責めたり、自信をなくしてしまったりする要因となっているように思います。

30代前半のある男性は、仕事が嫌いなわけではないのですが、ある程度の内容やスキルを覚えてしまうと、

「もっとこういう仕事があるのではないか。もっといい給料、環境があるのではないか」

と考えてしまい、すぐに転職したくなってしまうと言います。

実際にそうやって転職しても、やっぱりやめたくなってしまいます。

いまの会社はどうにか2年続いているのですが、すでにやる気がなくなっていて、決まった仕事を黙々とやり続ける毎日が苦痛でたまらないと感じるまでになっているようです。

それでも彼がいまの職場に居続けるのは、転職しても同じだったという体験が、やめることにブレーキをかけているからのようでした。

では、どうして彼は、転職したくなるのでしょうか。そしてまた、どうして転職してもやっぱり同じパターンに陥るのでしょうか。

それは、前述したように、自分の気持ちや欲求を満たすために判断し、選択して行動するという喜びや満足を知らないからです。

私たちは、**自分の心に沿って自分の思いや欲求を満たすために行動するとき、大きな満足感を覚えます。**あるいは、それを土台として、新しい着想を得たり、自分の発想を形にしていく創造性を発揮できていたりするとき、大きな喜びや満足感を覚えるものです。

けれども、そんな経験が乏しければどうでしょうか。それ以前に、そんな喜びや満足を〝感じる感度〟そのものが低ければ、どうでしょうか。

「感じる」というとき、味覚・嗅覚・触覚・聴覚・視覚といった五感や肌で感じる場合もありますし、喜怒哀楽といった感情も感じますし、思考することによって生じる感情もあります。

しかし、我々は日常的に「感じる」という言葉を使っているものの、その感じ方を、はっきりと自覚しているわけではありません。

そのために、多くの人が「感じる」ということを漠然と受け止めていて、特に感情や感覚と、「思考で作り出した感情等」との区別がつきません。

言葉では非常に説明しがたいのですが、熱いお湯がかかって「熱い！」と感じる（これはいわば、受動的）。熱いお湯を自覚して、「熱い」と、しっかりと感じる（これはいわば、能動的）。

後者のように、**自分の意識を自覚して、能動的に「感じる」、これが、自分中心**です。

彼がすぐに仕事をやめたくなってしまうのは、このような〝感じる感度〟が低く、自分の思いや欲求を満たせないからでした。

自分の仕事として決められている仕事をスムーズにやり遂げるには、基本的なスキルをマスターする必要があります。それは最初から「マスターすべき事項」です。

自分を満たす喜びを封印していれば、あとは、黙々と、決められたことに従って動くだけ、となるでしょう。

そこには、「ラク」はあるけれども、自分の心を満たす喜びがありません。新しいものを創造する喜びや楽しみがありません。

最初から、そんなところに喜びを感じる体験がなければ、何をやっても、それが「楽しい、おもしろい、嬉しい」とはならないでしょう。

彼の場合は、一定の決められた事項をマスターすると、それで興味が失せてしまい、あとは会社の方針やルールに従って、ただ「ノルマを果たす」だけとなってしまうのが、彼のやり甲斐を奪っていたのです。

ポジティブ感度を高めるのが鍵

ただ、ポジティブな感覚の〝感じる感度〟を高めようと思っても、それは、すぐに育つものではありません。

普段から自分中心になって、自分に関心を抱き、

●自分の欲求を満たしてよかった
●自分の望みを叶えてよかった
●自分のために行動してよかった

というような視点と、そんな自分を肯定的に捉えられる自分がいるかどうかで決まります。これまで他者中心で生きてきた人たちにとっては、簡単そうに思えても、実際にやってみると、意外と「難しい」と感じるかもしれません。

そういう人は、その一つ前の段階に戻って、やってほしいレッスンがあります。

それは「**自分の気持ちを受け入れる**」**ということ**です。

それは、具体的にはどういうことでしょう。

たとえば、もし中途半端ではダメだと自分を責めているあなたがいるとしたら、以下の言葉をつぶやいてみてください。できれば、声に出したほうが、心に響きやすいでしょう。

「長続きしなくてもいいんだ。中途半端でもいいんだ」

「そうか、私はこれがイヤなんだ。それに気づいてよかった」

「イヤだと思っているんだから、長続きしないのは当たり前だ」

「そうか、イヤなんだ。だから、やめよう」

「イヤなものだから、やめられてよかった」

「私はまだ、それが好きかどうかわからない。だから、しばらくやってみて、それでやめたくなったらやめよう」

こんな言葉を自分に言ってみると、どうでしょうか。どんな気持ちになりますか。**自分の心を感じてみましょう。**感じているときの気分、これが、自分の気持ちを認める、ということなのです。

自分の気持ちを認めるのが、第一歩

中途半端な自分はダメだ、長続きしない自分はダメだ、などと思ってしまうのは、他者中心の意識に囚われているからだと言えるでしょう。他者中心になってしまうと、できないことに罪悪感を覚えたり、自分を責めたりしてしまいます。

それは、他者中心になってしまうと、自分の気持ちや欲求や感情といった、自分にとって最も大事な心を無視して、言葉で自分に強制してしまうからです。それは、決して自分に能力がないからではなく、そんな思考そのものが、最初から間違っています。

他方、前述しているつぶやきは自分中心の視点に立っています。

どんな気持ちになっても、そんな気持ちになる自分を認めています。

実感が湧かない人は、何度でも繰り返し読んでみてください。心がホッとしたり、軽くなったり、身体の筋肉が緩んだりしませんか。そんな**心と身体のポジティブな感覚が、「自分の気持ちを受け入れる」ということ**なのです。

他者中心になると、どうしても、優劣や強弱のほうに囚われてしまうため、自分を劣っているとみなしてしまいがちです。けれども、自分の気持ちが「したくない」と感じているとしたら、どうしてそれがいけないことなのでしょうか。むしろ、自分を受け入れることのほうが大事です。

それに、どうでしょうか。自分の気持ちを受け入れていたほうが、長続きすると思いませんか。

ポイント

●転職しても同じパターンに陥るのは、自分の心に沿った行動をしていないから
●「自分中心」になって、ポジティブ感度を高めよう
●どんな気持ちであっても、まずは自分の気持ちを認めてみよう

第3章

趣味が長続きしない

すぐに習い事をやめてしまう

好きで始めたのに、苦痛になってしまう

30代前半の女性から、こんな相談を受けたことがあります。

「ヨガ、英語、料理教室など、これまで、学生時代も含めて10種類以上も習い事をしてきましたが、どれも長続きしたためしがありません。通うのが途中から苦痛になって、せいぜい半年続けばいいほうです。

何年も続けて技術を磨いている人を見ると、うらやましくて仕方ありません。

それでも、何かしらは習い事をしていたいという気持ちがあって、次から次へと手を出してしまいます」

習い事をしようと思うとき、あなたはどんな気持ちで始めていますか。

最初の段階で、

「あ、これはおもしろそうだなあ。やってみたいな」

などと関心や興味を抱いたとしても、実際には、やってみないとわかりません。

取り組んでみて初めて、

「自分の思ったイメージと違っている」

と気づくこともあるでしょうし、

「思ったほどおもしろくなかった」

ということもあるでしょう。

最初は楽しいと感じたけれども、だんだん、行くのがつらくなってしまう、ということもあるでしょう。

もしあなたが、こんな気持ちになったとしたら、どう考えるでしょうか。それを自分をネガティブに捉えるか、ポジティブに捉えるか、どちらでしょうか。

もしネガティブに捉えてしまったら、

「私にまだ熱心さが足りないからだ。集中力が足りないからだ。根性が足りないからだ」

などと考えてしまうに違いありません。

けれども自分を否定したり、「つらくなった自分」を責めたりすれば、次に何かをしようと思ったときに、気楽に取り組めず、

「今度もまた、中途半端で終わってしまうのではないだろうか」

と無闇に不安がったり、

「でも、今度始めたら、そう簡単にやめるわけにはいかなくなるぞ」

などと、まだ始めてもいないうちから先回りして、ためらうかもしれません。

あるいは、実際に通い始めても、

「今度こそ、もっと真剣にやらなくちゃ。がんばって続けなくちゃ」

などと、強迫的な勢いで自分に迫るかもしれません。

もちろんそうやって、**取り組むことに後ろ向きだったり、自分を追い込むようなやり方でがんばったりすれば、かえって長続きしない**でしょう。

「楽しくないからやめる」は正しい理由

では、こんなとき、自分中心であれば、どんな捉え方をするでしょうか。

まず、自分中心は、前述したように、自分の気持ちや感情や欲求を物事の判断の基準とします。自分が判断したり選択したり行動したりするときに、他者を基準にしたり、自分の心に反する思考に従ったりはしません。

仮に従わざるを得ない環境にあったとしても、その中で可能な限り自分の心に寄り添いたいと願うでしょうし、自分の心に適《かな》った選択ができるように努力していくでしょう。

ですから、**自分中心の生き方で捉えると、「おもしろい、楽しい」と感じないと**

したら、それが、その習い事をやめる「正当な理由」となります。趣味であればなおさら、どんな選択をしようと、自分の自由であるはずです。

そんな自由を優先できれば、

「たいして心が弾まないなあ。あまりおもしろくないなあ」

などと感じたとしても、自分の気持ちに沿って、その気持ちを受け入れることができるでしょう。

同様に、通ううちに、なんとなく**「行きたくなくなった」としたら、これも、自分がやめる「正当な理由」となります。**

それは、自分では気づいていないかもしれませんが、「行きたくなくなる理由」が必ずあるからです。その背後には、行きたくない気持ちになってしまう、なんらかの具体的な出来事が隠れています。

もしかしたらあなたは、続けることに苦痛を覚えるだけで、納得のいく理由は思い当たらないかもしれません。他者中心の人であればなおのこと、行きたくない自分を許せなかったり、やめることに罪悪感を抱いたりと、心と頭がそんなネガティブな思いに占領されていれば、「行きたくない理由」にまで思いが及ばないでしょう。

たとえば、「行きたくない」という自分の気持ちを認められない、というのもその一つです。**自分の気持ちを認められない人は、「行きたくない」という自分の気持ちを無視して、社会のルールや常識や規範のほうに従おうとします。**そのために、「行きたくない」という気持ちを許さずに、**自分に「中途半端な自分」というレッテルを貼ってしまいがち**です。そうであるために、実際に途中でやめてしまうことがあれば、ますます「自分はダメだ」という烙印《らくいん》を押してしまうでしょう。

もしあなたが、そうやって「自分を認められない」としたら、中途半端がいけないというよりは、**「自分を認められない」ことのほうが問題**だと言えるでしょう。

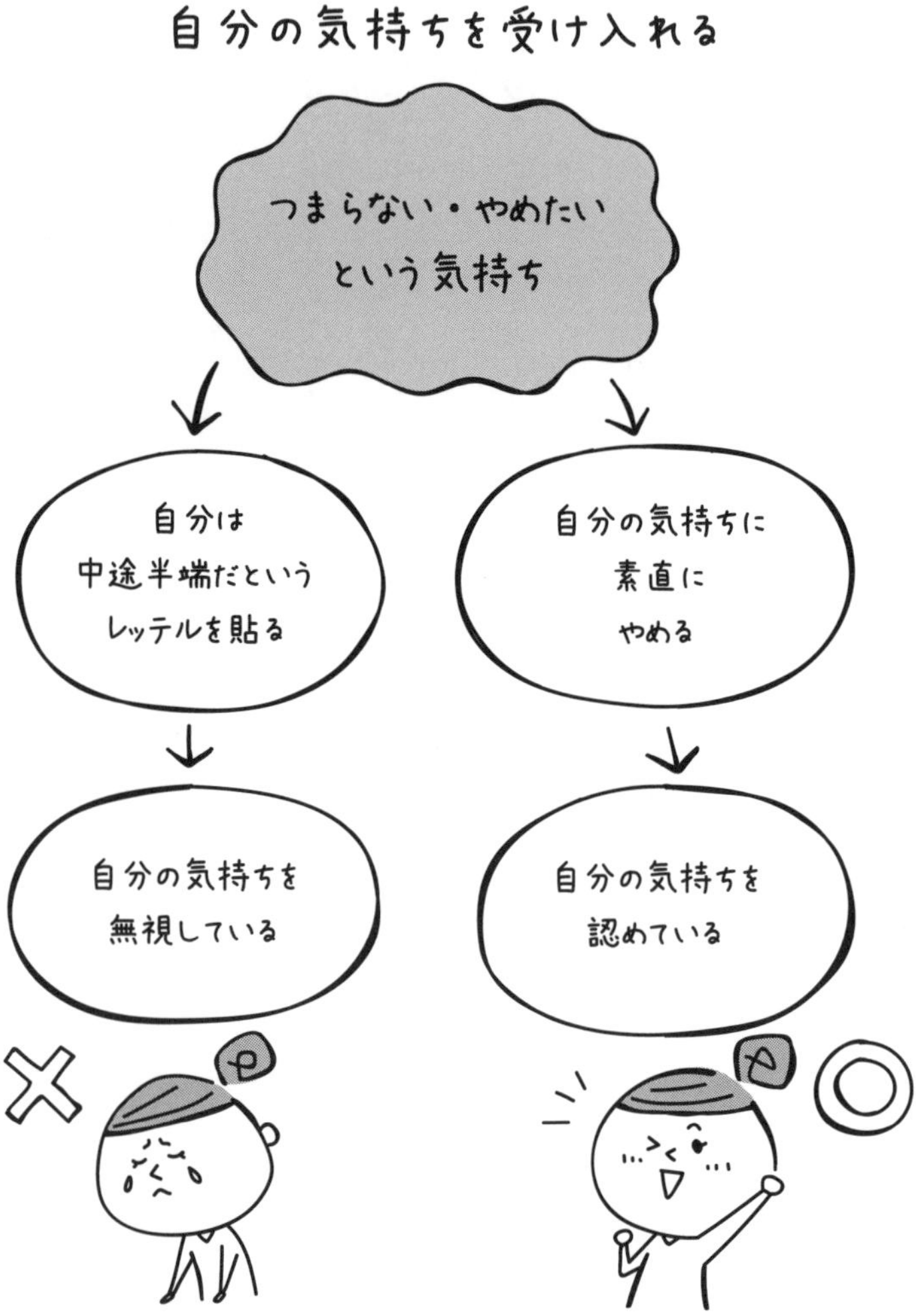
自分の気持ちを受け入れる
つまらない・やめたい
という気持ち
自分は
中途半端だという
レッテルを貼る
自分の気持ちに
素直に
やめる
自分の気持ちを
無視している
自分の気持ちを
認めている

「やめること」もポジティブな要因になる

多くの人たちが、「中途半端」なことや「長続きしない」ことを、過剰に否定的に捉えています。

ところが、そんなネガティブな思いが、〝中途半端な自分〟をつくっているとも言えます。たとえば、本音のところは、

「もう、やめたい。けれども、それでは中途半端になってしまうから、続けなければならない」

というふうに考えたとしましょう。

もしそうやって続けようとすれば、どうなっていくでしょうか。イヤイヤやりながら、あるいは苦痛を感じながら、

「ああ、楽しいな。おもしろいな」

といった満足感を得ることは非常に難しいでしょう。

当然のことながら、心の中では「でも、やめたい。もう、やめたい」などと、ずっと迷う気持ちや揺れる気持ちが波のようにうねり、波しぶきが飛び散るでしょう。

そうやって心が定まらないために、かえって中途半端な行動になっていくでしょう。

こんなとき、自分中心であれば、趣味に限らず、物事に取り組む姿勢も、

「実際に、できるところから動いてみよう」

という行動のほうに重きを置くことができます。**自分が好きかどうかは、考えていてもわかりません。実際に行動してみたときに、はっきりするのです。**

「やってみて、自分の気持ちを感じながら、その都度、自分の心に沿った決め方をしよう」

こんな捉え方であれば、どうでしょうか。

その結果、「やめることにした」と決めたとしたら、そんな自分の判断と行動をポジティブに受け止めることができるでしょう。

こんなふうに「自分の行動」のほうに焦点が当たるのは、自分自身の気持ちを認めているからです。他者中心のように自分を否定していません。

目の前で展開しているのは、同じ出来事です。

「行きたくない」という理由でやめるとしたら、行動も同じです。

けれども、他者中心になっていると、自分の行動を否定的に捉えます。そのために、やめてもやめなくても、中途半端な気持ちで自分を責めたり後悔したりするに違いありません。

しかもこんなとき、**他者中心の人は、「行きたくない」という言葉よりも「行けない」という言葉を使います。それは、行きたくない自分を認められないからです。**

もしそんな自分がいるとしたら、好ましくないのは、「中途半端ではいけない」

と思い込んでいる、自分自身の考え方そのものなのではないでしょうか。

「中途半端ではいけない」と思考に囚われているからこそ、自分の心に沿うことを否定するのだとしたら、そんな思考に囚われ、自分の気持ちを認められないことが、間違っていると言えるのです。

「中途半端」というレッテルを貼ると思考停止になる

自分を責める人は、どこまでも自分を責め続けます。

しかし、自分を責め始めると、「自分を責めること」で終わりになってしまいます。

同様に、「中途半端」というレッテルを自分に貼ってしまうと、すでにそれが自分に対する評価となってしまうので、それ以上、考えようとしません。

これでは、自分がどうしてやめたくなったのか、その理由を突き止めることができなくなってしまいます。

先の例に挙げた女性は、こんなところが、

「これまで、学生時代も含めて10種類以上も習い事をしてきましたが、どれも長続きしたためしがありません」

と言うように、こういうところをあまりにも〝ざっくり〟と捉えすぎています。

そのときどきの細かい自分の〝思い〟を無視して、こんなふうに一括りにしてしまえば、

「いつも私は、中途半端で終わってしまう。私は最後までやり通す力がないんだ」

などといった、自分を否定する言葉しか生まれてこないでしょう。しかも、習い事をやめるたびに、「中途半端」という言葉を加算していけば、そのたびに、自信をなくしていってしまうでしょう。

そうやって自分を否定していけば、最後には、

「どうせ、私は何をやっても中途半端だから、やっても無駄だ」

と自分に引導を渡して、行動することすらやめてしまうかもしれません。

でもそれは、彼女が中途半端な性格なのではなく、自分の気持ちや感情や欲求を無視して、物事を一括りにしてしまう捉え方が間違っているということが最大の原因です。

彼女が長続きしなかった10種類以上の習い事も、その中には一つひとつ、自分の思いがあるものです。それを、「自分が中途半端だから」という言葉で一括りにできるものではありません。

自分が趣味を選ぶとき、「自分がどんな気持ちでそれを選んでいるか」に気づき、自覚するのは非常に大切なことです。

彼女自身が、それに気づいていないだけなのです。

「やめたい」理由は一つではない

たとえば、

「職場のみんなや、私の友だちに誘われて」

といった動機から始めたとすれば、「私がしたい」という気持ちは、最初から低かったのかもしれません。

あるいは、

「みんなが、何かを習っていて、友だちの間でも職場でも、それが話題になるので、何もしていないと肩身が狭いから」

といった理由で始める人も少なくないでしょう。けれども、

「みんながしているから」

「みんなと同じじゃないと、仲間はずれになってしまうから」

「みんながやっているので、自分も乗り遅れないようにしないと」

こんな動機では、「行きたくない」となるのは当然のことでしょう。

なかには、そんな自分にさえ気づいていなくて、みんなが習っているから「自分も習うのが当たり前」という意識になっていたり、みんなが楽しそうにしているから、その雰囲気に感化されて、何か「やりたい」という気分になっているだけなのかもしれません。

もちろん、長続きしない理由は一つだけとは限りません。

常に自分の気持ちを確認していないと、気づかないことが少なくありません。

たとえば、もしかしたら、趣味そのものは「していて楽しい」けれども、習う講師の先生との相性が悪いということもあるかもしれません。

あるいは、一緒に学ぶ仲間の中に苦手な人がいて、その人と会うのを苦痛に感じているのかもしれません。もしそうであれば、クラスを替えたり、個人レッスンにしたりすれば、楽しく続けられるのかもしれません。

学ぶのは楽しいけれども、時間に縛られるのがイヤという人もいるでしょう。それがやめたくなる理由だとしたら、決まった日時ではなく、自分のスケジュールを優先して、自分のやりたい時間、空いている時間などに、個人レッスンを入れれば、続けられるのかもしれません。

こんなふうに**自分の気持ちに気づいて初めて、長続きしない理由が見えてくる**のです。

「他者と張り合う」のをやめてみよう

趣味に限らず、**長続きしない最も大きな理由の一つが、「他者と張り合う」ということ**です。人と競い合っていれば、

「お互いに自分の能力を磨き合えるので、結構なことではないでしょうか」

と思う人もいるでしょう。

スポーツ競技は、お互いに競い合ってみんなが一つの目標に向かって切磋琢磨《せっさたくま》するから、おもしろいし応援したくなるし、たしかにそれが醍醐味《だいごみ》であると思います。

ただこのようなスポーツ競技と、普段の生活の中で「人と自分を比較して競い合う」というのでは、ちょっと意味合いが違います。

スポーツは、技を競い合うというものの、実際にプレーしているときは、プレーそのものに熱中していて、むしろ〝無心〟に近いところがあるでしょう。しかし、自分がライバル視している相手と、絶えず心理的に競い合って、もしくは自分だけが相手を独り相撲的に意識して、「勝った、負けた、悔しい」というふうに孤軍奮闘している姿は、スポーツのそんな無心さにはほど遠く、はるかに激しく競い合っていると言えるでしょう。

時として、そんな「競い合い」が、自信をなくしていく要因になっています。

無心で競技に集中しているときは一心不乱にプレーしていて、複雑な思考ができないために、気分的にはむしろ爽快感や満足感に満たされているでしょう。

けれども、人と自分とを絶えず比べていれば、活動している最中でさえ「楽しい、おもしろい、ワクワクする」と感じるよりも、**相手を意識して競い合う分、「勝った、負けた」に付随するさまざまなネガティブな感情に晒《さら》されることになります。**

それでもまだ、互角に渡り合っていれば、競い合うことで自分の腕を磨くことができるかもしれません。上達する楽しさも感じられるでしょう。

けれどもひとたび、

「あの人には敵わない。私には、どうやっても勝てないんだ」

となってしまえば、苦痛に感じたり、完膚なきまでに相手との差を見せつけられたりすれば、**その惨敗感から、見る間にやる気が失せていく**ということもあるかもしれません。

そもそも、そうやって他者に意識を向けずにはいられないとしたら、気になるその相手と張り合う気持ちから、その趣味を始めようとしたのかもしれません。

そうであれば、相手と張り合って「負けた」と感じたとき、だんだん興味が薄れていくというのも無理ないことでしょう。

あるいは、それを続ける理由が相手に勝つことであれば、相手に圧倒的に勝っていたとしても、やる気をなくしていくかもしれません。それは、「競い合う相手」がいなくなって、目標を失ってしまうからです。

こんなふうに、**「競い合う」ことを目標としていれば、勝っても負けても、勝負にならないことで、急速に熱意も萎んでいってしまう**ことでしょう。

「自分がどう感じているか」に集中する

いろいろな**外野の騒音に惑わされることなく、自分が心から興味を抱けるものであれば、没頭するだけでなく、それに対する興味の裾野が、どんどん広がって**

いくものです。

たとえば、鉱物一つとっても、美しい石の輝きに目を奪われれば「わあ、きれい」だけでは終わりません。次には、その名前を知りたくなるでしょう。名前の語源を知りたくもなるでしょう。「ほしい」と思えば集めているでしょう。

さらに熱が高じれば、収集するだけでなく、どんな性質なのか、どうしてこんな色や結晶になるのか、原産地はどこなのか、どうしてこの地域に限られるのか、いつの時代にできたのかなどと、次々に疑問が湧いてきて、その疑問を探求していくうちに、その道の専門家として活動するようになっているかもしれません。

改めて、自分がその習い事を始めた動機を振り返ってみると、どうでしょうか。

もし、純粋にそれが「したい」という欲求からではなく、

「これをしておいたほうが、仕事の上でメリットになる」

「この資格をとっておいたほうが、箔《はく》がつく」

「これをマスターしておいたほうが、他者よりも優位に立てる」

といった**損得勘定や競争心から始めたものであれば、それに対する興味が次第に薄れていくのは当たり前のこと**だと言えるでしょう。

少なくとも、そんな自分に気づけば、「中途半端」というレッテルを自分から外すことができるのではないでしょうか。

習い事を始めるとき、決して、そんな動機で始めるべきではないと言いたいわけではありません。逆に、**どんな動機で始めたのか、あるいは実際にやっているときにどう感じているのか、それに気づけば、仮に自分が興味をなくしていったとしても、「無理もないな」と思えるし、自分を責めることもないと受け入れることができるでしょう。**

また、そうやって自分の気持ちを受け入れられれば、むしろ、

「やめると決断できてよかった」

と、自分を肯定的に評価することもできるでしょう。

ポイント

- 「やめたい」気持ちを認めて、やめていい
- 自分の気持ちに従って、「やめる」決断をするのも、素晴らしいこと
- 「中途半端」というレッテルを貼って、思考停止になるのをやめよう
- 他人と張り合わず、自分の気持ちに集中しよう

社会人なのに趣味がなく、恥ずかしい

どんなことにも熱中できない

何をやり始めても、すぐに飽きてしまったり、急速に熱が冷めてしまったりすることが多いとしたら、別の問題があるかもしれません。

最も大きな原因は、物事に対して感じる〝感じ方の感度〟が低いからなのかもしれません。

たびたび述べているように、満足感、充実感、幸福感といったポジティブな実感は、まさに〝感じる〟ものです。

たとえば極端な話ですが、**どんなに思考で、「満足したい、充実した人生にした**

い、幸福になりたい」と願ったとしても、感覚や感情を感知するセンサーがまったく働かないとしたら、それらを快感として実感することは不可能です。

ある30代前半の男性は、こんな悩みを訴えます。

「人に『趣味はなんですか』と聞かれても、何も答えるものがなく、恥ずかしいので何かしらを趣味にしようと、いろいろ（サイクリング、登山、フットサル、筋トレなど）手を出してみましたが、どれも続きません。

立派な社会人は何かしら趣味を持っているとも聞くので、趣味と呼べるものがほしいのですが、何事にも熱中できない自分が恥ずかしく、情けないです」

こんな悩み方が、「感じられない人」の典型的なパターンです。

彼は「何事にも熱中できない自分が恥ずかしく、情けない」と言うように、**自分のことよりも、人の目や周囲のことに囚われています。**

けれども、意識が他者に向かえば向かうほど、自分の心や気持ちに気づきにくくなります。

それだけではありません。そうやって、**自分の心や気持ちを無視すればするほど、自分を感じる心のセンサーの感度も、どんどん低くなっていくでしょう。**

家でゴロゴロすることも、最高の趣味になる

たとえば、仮に自分がそんな状態であるとしても、自分中心の人であれば、

「家でゆっくりと、ゴロゴロしているのが趣味です」

と答えるかもしれません。

「ダラダラ、ゴロゴロしているときって、全然人のことを気にしなくていいから、最高に幸せな時間になっています」

というふうに、そんな時間を**自分のための「極上な時間」とすることができる**でしょう。

また実際に、他者と比較することなく、**自分中心になってそんな時間を「幸せ」**

他者の目を気にせず自分の気持ちに集中する

幸せ…
ポテチ
家でゴロゴロ
してるのが趣味です

と感じられれば、自分の中に深く押し込めていた心も、長い眠りから覚めて、次第に自分の気持ちや感情や欲求に気づき始めるのではないでしょうか。

「満足感」に注目してみよう

趣味だけでなく、あらゆることに通じますが、継続することの原動力となるのは、**自分が感じる「ポジティブな感覚や気分」の感じ方、つまり快感や心地よさです。**

しかもそれは、

「いま、やっているのがおもしろい」
「いま、調べていることにワクワクする」
「いま、この作業をしているのが楽しい」

といったふうに、**「いま、自分が取り組んでいる」状態のときに感じるポジティブな感じ方**に尽きます。

こんなプロセスにおける「目の前の〝いま〟」を感じる心地よさや満足感が、継続性へとつながっていくのです。

脳の機能からも、それが理解できるでしょう。

誰もが「快楽物質」という言葉を聞いたことがあると思います。語感としては否定的な感じがしますが「脳内モルヒネ」とも呼ばれています。この快楽物質でよく知られているのはβ《ベータ》－エンドルフィンです。

ドーパミンという言葉も、よく耳にするのではないでしょうか。中枢神経系に存在する神経伝達物質で、運動調節やホルモン調節を行ったり、学習力などに関係しています。このドーパミンは、大脳辺縁系で生じる喜怒哀楽などの情動や感情と結びついている神経で、この神経から分泌される物質が、ポジティブな感情や意欲を高めます。

こんなふうにβ－エンドルフィンやドーパミンといった分泌物が快楽物質として作用して、やる気を起こしたり、継続的に続けたりすることに一役買っています。

脳は、大きく分けると、大脳新皮質、大脳辺縁系、脳幹に分かれています。

このうち、大脳辺縁系には扁桃体《へんとうたい》と呼ばれる部位がありますが、これは喜怒哀楽の感情や情動反応の処理を司《つかさど》っています。

この扁桃体は情動反応の処理をするとともに、記憶においても主要な役割を担っています。

大脳辺縁系にはまた、海馬《かいば》と呼ばれる部位があります。これは「記憶と学習」を司っています。

この海馬は、扁桃体と密接に関係していて、扁桃体が活性化すると海馬も活性化します。

大脳辺縁系にあるこの海馬と扁桃体が活性化することで、β－エンドルフィンやドーパミンといった物質の分泌が促進され、学習力や記憶力が増強されます。

脳の構造やその機能からしても、「心地よい、気持ちよい、楽しい、おもしろい、嬉しい」といったポジティブな感覚や感情が、やりたいという欲求を高めたり、もっと腕を磨きたいという意欲を駆き立たせたりします。そして、さらにそれを継続させたいという強い欲求の原動力となっているということが理解できるでしょう。

こういったところからも、ポジティブ感度を高めることが、いかに重要であるかが納得できると思います。

ポイント

- 人の目や周囲に囚われていると、自分の気持ちを感じられなくなる
- 自分中心の時間を「幸せ」と感じることによって、自分の気持ちに気がつくようになる
- 「満足感」やポジティブな感情が、やりたいという欲求につながる

趣味を深めることができない

好きなことはあるけれど、「マニア」にはなれない

もう一つ、長続きさせる方法があります。

それは、逆説的に聞こえるかもしれませんが、**「途中でやめる」こと**です。

これこそが、長続きさせる最良の方法だと言っても過言ではありません。

恐らく多くの人たちが、これまで、始めたことを最後までやり通せない自分を責めたり、嘆いたり、恥ずかしく思ったりしていたことでしょう。

けれどもそれは、一般的な捉え方を当たり前のように受け入れてしまった結果です。

脳の話のところでも説明したように、苦労して、我慢して、苦痛を味わいながらそれに取り組むよりも、脳内の快楽物質の分泌を活性化させたほうがはるかに長続きするし、能力も高くなるということは、言うまでもありません。

そして、自分を勝手に「中途半端」だと否定してしまう意識も、そんな快楽物質の分泌を阻害している大きな原因となっていることは間違いありません。

ある20代後半の女性は、こんな悩みを抱えていました。

「おもしろい、好きだな、と思うこと（映画、音楽、読書など）はたくさんあるのですが、どれも浅く広くで、いわゆる『マニア』のようにはなれません。

また、たとえば映画を1日3本見るほど熱中するときもあれば、1年間何も見ないときがあるなど、かなりムラがあり、知識を深めることができません。いわゆるカルチャー好きの人たちと話していても『そんなことも知らないの？』というような態度をとられることがあり、恥ずかしい気持ちになります」

彼女は、自分の興味が「浅くて広い」ことを嘆いています。

けれども、そう思ってしまうのは、「長続きしなかった」という結果に囚われているからではないでしょうか。

もし、こんな捉え方が間違っているとしたら、別の捉え方はあるのでしょうか。

「楽しさ」を感じたまま、やめてみる

たとえば、結果ではなく、**取り組んでいる最中の「いま」に焦点を当ててみる**と、どうでしょうか。

彼女がいま、自分の好きなことに取り組んでいる状況を想定してみましょう。

やっている最中に、ふと時間を確認してみると、もう夜遅いと気づきます。そこで彼女は、

「もっとこれをやり続けていたいけれども、明日仕事があるので、ここでやめよ

う」

と決めて、この日はそれでやめることにしました。

別のときには、

「気持ちとしてはもっと続けたいけれども、体力的に疲れてきているので、ここでやめよう」

と自分の体力を優先して、この日はやめることにしました。

あるときは、

「今日は、ほかに用事があるので、1時間だけ取り組んで、やめよう」

と決めました。

こんなふうに、彼女は**「自分の心や身体と相談」して、途中でやめることができます。**それは、「自分の感じ方」を基準にして、自分の気持ちのほうを優先できるからです。もしかしたら、彼女自身は自分では気づいていないかもしれませんが、これが「長続きさせるため」の最良の方法なのです。

しかも、こんなやめ方には、**大きなメリット**があります。

それは、**「楽しさやおもしろさ」を感じたまま終わるので、「次に始めること」が「待ち遠しくてならない」というメリット**です。

おもしろいテレビ番組が完結しないで途中で終わると、来週が待ち遠しい、というような心理状態と似ています。

ポジティブな気持ちの余韻を、次の時間へとつなげることができれば、自然と長続きするようになるでしょう。

興味を持続させるには、無理は禁物です。

自分の心や身体の状態を無視して、自分を否定したり、無理やり自分に号令をかけたりするから、続けることが苦しくなっていくのです。

こんなふうにいつも「自分の心や身体と相談」してどうするかを決めていけば、次第に効率よく進められる自分のペースも決まってくるでしょう。

「途中でやめる」ことが重要

自分にとって「ポジティブなペース」をつかもう

しかもこれは、「楽に、快適に続けられるペース」です。

自分にとって「ポジティブなペース」をつかむことができれば、長続きしないわけがありません。

結局、長続きの秘訣《ひけつ》は、**「積極的に、〝途中でやめる〟」ことができるかどうかに**かかっています。

その結果として、

「しばらく続けてみたけど、やっぱり、あまり興味が湧いてこないな」と感じたら、自分の気持ちを基準にして、きっぱりと「やめよう」と決めるかもしれません。

もちろん、仮にそう決めたとしても、自分に対して「また中途半端で終わった」

などという否定的な言葉を投げかけることはないでしょう。

反対に、

「自分の気持ちを大事にして、やめてよかった」

と自分を肯定できるでしょう。

もっとも、この「積極的に〝途中でやめる〟」というのは、一方で満足するまでやりたい気持ちを断ち切ることにもなるので、非常に難しいことなのかもしれません。

ですから、これもいわばトレーニングです。

このトレーニングの方法については、第6章で改めてご紹介いたします。

ポイント

●「長続き」するには、「途中でやめる」

●「楽しさやおもしろさ」を感じたままで終われば、「次に始めること」が待ち遠しくなる

●「楽に、快適に続けられるペース」を見つけよう

第4章

恋が長続きしない

恋愛関係を続けるのが難しいのは、なぜ？

好きだからこそ、素の自分を出せない

最近、恋愛についての相談がめっきり減ってきています。

個人的には「愛し合うための相談」というのは、争い合う相談よりも心が〝ホット〟になります。

ただ、減ってきているというのは、恋愛がうまくいっているというよりは、「付き合うのがめんどうくさい、疲れる、一人のほうが気楽だ」といった声が多く聞かれるように、恋愛においても付き合い方がわからないという人たちが増えているからでしょう。

率直に言えば、**恋愛を続けるのは、一般的な人間関係での付き合いよりも高度**です。それは、親密になるにつれて**密着度が高くなるから**です。

家族関係もそうです。

職場であれば、苦手な人、嫌いな人がいても、一日が終われば、それでひとまずは、やり過ごせます。相手のことが気になっても、家に帰れば忘れることができます。なかには、家に帰っても、眠ろうとしても、まるで一緒に暮らしているかのように相手のことが気になってしまう、という人もいるでしょうが、それはひとまず置いておきましょう。

友人関係であれば、自分の都合のいい時間に会うことができます。しばらく会いたくなければ、会う回数を減らしたり、時間を短めにしたりすることもできます。会っている間だけ、〝いい顔〟をすることもできます。

けれども恋愛は、そうはいきません。

恋愛は密着度が高いので、必然的に自分の〝我《が》〟が顔を覗《のぞ》かせたり、〝地〟が出たりします。

こんな〝我〟や〝地〟を隠そうとしても、隠し通すことはできません。会う回数や時間が増えれば増えるほど、自分を隠し通すのは困難になっていくでしょう。

しかも恋愛は、相手を「好きだ」という気持ちがあるために、

「相手に悪く思われたくない、嫌われたくない」

という思いから、

「恋人が、自分のことをどう思っているのか」

ということが、いっそう気になってしまうものです。勢い、自分の〝素〟を出すことを恐れがちです。

けれどもそうやって、**自分の〝素〟を出すことを恐れる人ほど、継続させることに苦痛を覚えるようになる**でしょう。

「好きになったら負け」と思うのは傷つきたくないから

恋愛に関しては、ときどき、

「好きになったほうが、負けだ」

と公言する人がいます。

「勝ち負け」を争う人であれば、恋愛においてもそう思うのは当たり前なのかもしれません。

すでにここから、意識が間違っています。

こんな恋愛でイメージするのは、

「好きになったら最後、なんでも相手の言いなりになって、まるで奴隷のように、自分の気持ちを殺して、相手に従ったり、尽くすようになったりしてしまう」

そんな自分の姿なのではないでしょうか。だから、相手が自分を好きでいてく

れる以上に、自分のほうが好きになってはならない。負けたら最後、

「どんなに尽くしても、恋人が自分を騙《だま》したり裏切ったりして、傷つけられてしまう」

というふうに思い込んでいるに違いありません。

そうやって、**恋愛すら勝ち負けにこだわる人は、「好きになったら、必ず自分が〝負けて〟傷つくことになる」と、自分が傷つくことを、極度に恐れている人**たちなのです。

ところが実際には、自分の言葉どおりに「勝ち負けを争ってしまう」から、「傷つけ合う結果になってしまう」のだと、気づいていない人も多いのではないでしょうか。

しかもまた、彼らは、自分が傷つくことを人一倍恐れているにもかかわらず、「私は、プライドが高いから」

と思い込みたがります。周囲から負けず嫌い、勝ち気だ、と見られている人た

ちほど、そう言うでしょう。

さらには、必死で自分の「好き」を隠そうとしたり、そんな感情を打ち消そうとしたり、抑えようとしたりします。

もちろん、

「相手が私を愛してくれていても、私は相手以上には愛さない」

こんな勝ち負けの意識で恋愛が成立するわけがありません。

恋人同士がお互いにそう思っていれば、愛し合うより、無意識に「相手に勝つこと」をめざして、お互いに意地を張り合ったり、嫉妬させようとしたりと、さまざまな駆け引きを講じようとするために、〝過激な〟恋愛となっていくでしょう。

そんな恋愛であれば、激しく責め合って争ったり、激しく嫉妬し合ったりして、自ら、自分たちの関係を壊していってしまうでしょう。

女性の中には、そんな不適切な恋愛を「ほんとうの愛」のように勘違いしている人も少なくありません。

「長く付き合いたい」と思っていても、無意識に避けている

「なかなか好きな人があらわれません」

と言う人たちがいます。

「恋愛には、縁がありません。周囲が同性ばかりで、会うチャンスがないのです」

と、チャンスがないことのせいにする人もいます。

長く付き合いたいと思っても、

「いつも、1、2回会って、終わってしまいます。どうしていつもそうなってしまうのか、その原因がわからない」

と言う人もいます。

無意識の視点から言うと、じつは、チャンスを避けていたり、恋愛を成立させようとしていなかったりするのは、自分自身だと言えるでしょう。

さまざまな理由から、中途で終わらせようとしているのは、自分自身でもあるのです。

たとえば、片想いの人がいるとしましょう。

あるとき、そのチャンスがあったにもかかわらず、言うことができなかったという経験はありませんか？

では、どうして、チャンスだったのに、自分のほうから積極的に行動できなかったのでしょうか。

あるいは、ずっと長いこと、相手に気持ちを打ち明けられずにいたとします。あるとき、相手に打ち明けたとしたら、どうなるでしょうか。

「その次は、どうしたらいいんだろうか」

と戸惑ったり不安になったりしませんか？

では、実際に会うことになったらどうなるでしょうか。

相手と楽しく会話ができそうですか。それとも、

「何を言えばいいんだろうか」
「こんなこと、言ってもいいんだろうか」
「こんなことを言って、相手に笑われないだろうか。相手を不快にさせないだろうか」

などと考えませんか。

こんなふうに、実際に付き合うことになっても、とりわけ他者中心の人は、相手のことばかり考えます。けれども相手のことばかり気にしていたら、心が弾むどころではないでしょう。相手の前では自由に振る舞うこともできず、一緒にいると息苦しくなるばかりではないでしょうか。

好きであればあるほど、相手に嫌われることを恐れます。

嫌われることを恐れれば、自分を飾ったり偽りたくなったりするでしょう。

けれども**自分をごまかして付き合えば、苦しくなります。**あるいは、**自分の自由を封じ込んでも、長続きしないでしょう。**

こういう点からも、自分が自ら長続きしないようにしていると言えるのです。

ポイント

- 嫌われるのがこわいから、素の自分を出すことができない
- 相手に囚われてばかりで、自分を偽り、苦しくなってしまう
- だから無意識に、関係が長く続くことを避けている

イヤなところが一つでもあると、すべてがイヤになる

プライドが高いから、相手の欠点が許せない？

交際するとなれば、**好きという気持ちだけでなく、「付き合うスキル」が必要**です。付き合えばすぐにそのスキルが上達するというものではありません。

私たちは誰もが、自分特有の言動パターンを持っています。それは親子関係や家族関係の中で身につけたものです。その中には、人との関わり方のスキルも含まれています。その**言動パターンやスキルがポジティブであれば、うまく付き合うことができる**でしょうが、ネガティブであれば、恋愛をしても「我慢したり」

あるいは「争ったり」というような関係になってしまうでしょう。

30代前半のある彼女は、こんなことで悩んでいました。

「これまで1年以上、恋人とのお付き合いが続いたことがありません。学生時代から恋人はある程度できるタイプでしたが、一つでもイヤなところが目につくと、相手のほかの部分までイヤになり、すぐに冷めてしまいます。モテることを自慢できる年齢でもなくなってきて、友人たちには呆《あき》れられています。友だちはみんな結婚して子どもも産んでいるのに……。このままでは結婚なんて到底無理だなと思ってしまいます」

彼女のように、「一つでもイヤなところが目につくと、それだけで、すぐに冷めてしまう」というのは、典型的な悩みのトップを占めています。

これを評して、

「私はプライドが高いので、一つでも欠点があると、許せなくなるんです」

と言う女性もいます。

前述したように、恋愛を「上下関係」で見たり「勝ち負け」で争ったりしている人たちは、恋愛においても、この「プライド」が唯一、自分や他者に言い訳できる砦《とりで》となっているようです。

自分のプライドを意識すれば、相手にバカにされたり、軽くあしらわれたりすると、それが「許せない」となるでしょう。

もちろん、自分が相手より優れていなければなりません。

と同時に、相手が自分にふさわしいかどうかという思いもあって、

「この人は、私の理想にはほど遠くて、私の恋人として人に紹介できるほどの相手ではない」

などと思ってしまうかもしれません。

こんな矛盾する思いを抱えながら、相手が自分の理想から外れてしまうような言動をとると、どうしてもそれが我慢できなくなってしまいます。

こんな状態に陥ってしまえば、恋愛が長続きしないのは無理ないことでしょう。

相手に拒否されるのがこわくて、ほんとうのことを言えない

ただ、率直に言えば、これは表面的な思いであって、「一つでもイヤなところが目につくと、すぐに冷めてしまう」というプライドは、「真のプライド」ではありません。

ほんとうのところは、それは**「自分から言えない。言うのがこわい。傷つけられるのがこわい」という恐れに起因**しています。

彼らは、相手から拒否されたり否定されたりして傷つくことを、〝極端に〟恐れているのです。

これを「プライド」とは言いません。むしろこれは、**自尊心の低さからくるものだと言って**もいいでしょう。

ですので、彼らの言うところのプライドというのは、**「自己信頼の低さ」**という

言葉に置き換えてもいいでしょう。

この言葉に置き換えれば、相手から否定されると自分が侮辱されたかのように感じてしまうのは、自己信頼が低いからだと言えるでしょう。

こんなとき、ほんとうに**自己信頼が高い人であれば、他者の評価くらいで、自己信頼が揺らぐことはありません。**仮に相手の言動を不快に感じたとしても、相手のそんな言動は、**「相手の生き方、意見、感想」として、認めることができる**でしょう。

たとえば、相手が口に手を当てないでくしゃみをしたとしましょう。

くしゃみで口の中の唾液が飛沫《ひまつ》となって飛び散ります。このとき、自己信頼の低い人は、その姿を見て、

「なんて下品な人なんだろう。こんな人、私、恥ずかしくて一緒にいられないわ」

と思うでしょう。

けれども、自己信頼の高い人は、

自己信頼の低い人

自己信頼の高い人

「唾液が飛び散るから、くしゃみをするときは、口に手を当てたほうがいいと思うよ」

などとアドバイスをすることができるでしょう。

仮にそれを「下品だな」と思ったとしても、この「下品」は、相手の人格を否定しているわけではありません。その行為が「多少、はしたない」と思う程度でしょう。

その行為をはしたないと思うのであれば、それは改めれば済むことであって、その一つだけで「相手のすべてが嫌い」になったりはしません。

ほんとうの気持ちを言えない関係性が原因

では、どうしてたった一つの行為で、相手のすべてが嫌いになってしまうのでしょうか。

それは、こんな場面で、**相手に何も言えないから**なのです。

自分の気持ちや意見を言える人であれば、「はしたない」と思ったとしても、その都度、解消できるので、心の中に積もっていきません。

その言い方も適切であるために、争い合うような結果にはなりません。

他方、心の中で相手のことを「下品」だと思ってしまう人はどうでしょうか。心の中で相手を軽蔑したり、バカにしたり、態度や表情でそれを示したりすることはあっても、言葉で自分の気持ちを素直に伝えることができません。

たしかに、傷つきたくないために、我慢することも多いでしょう。

ただ、自分は我慢していると思っていても、実際にはけっこう辛辣に言っていると思います。その言い方も不満がたまっているぶん、威圧的であったり、相手を責めたり、攻撃的であったりします。争えば、相手を傷つけるし、自分自身も傷つきます。また、争えば、同時に恐怖も生じます。そんな恐怖心に囚われているときは、相手を傷つけるような言い方をしていても、自分がそれに気づいていない、というだけに過ぎません。

いずれにしても、気分的にスッキリと解消されることがなく、絶えず不満を抱えることになります。

そんな不満が積もっているので、それが飽和状態になったとき、「たった一つの行為」で、気持ちが冷めてしまうのです。

ですからそれは、決して**「一つの行為」で嫌いになるわけではなく、いくつもの不満をその都度、解消することができずに「イヤなところ」を蓄積させてしまっている結果**ということなのです。

こんなふうに、恋愛をしてもすぐに冷めてしまう人たちは、自分の気持ちを言えない、あるいは傷つけ合うような言い方しかできない、言い換えれば、ポジティブなコミュニケーションスキルが乏しい人たちだと言えるのです。

ポイント

●「欠点」を相手に伝えられないのは「相手から拒否される」ことを恐れているから

●問題は、「欠点」そのものではなく、お互いの気持ちを素直に伝え合える関係性がつくられていないこと

付き合うのがだんだんめんどうくさくなる理由

めんどうくさくなるのは、「いま」を感じていないから

20代後半の、こんな女性もいます。

「これまで4人とお付き合いしましたが、すべて半年以内に別れています。人に何か意見するのが苦手で、言いたいことを我慢してしまいます。ただ、どうしても我慢できないことがあると、態度に出したり、感情を爆発させてしまったりすることがあります。

そのせいで、相手との関係が悪くなるというのがパターンになっていて、最近では、『どうせ長続きしないなら恋人はいらないや』という諦めの気持ちも手伝っ

てか、めんどうくさくなってきています」

彼女のように「めんどうくさい」と思ってしまう人は要注意です。

それは、恋愛だけでなく、ほかのすべてのことでめんどうくさいとなっているかもしれないからです。

長く続かないというのも、めんどうくさいという気持ちがあるからでしょう。

では、どうしてめんどうくさいという気持ちになってしまうのでしょうか。

それは、もう、ズバリ一言。

プロセスに焦点が当たっていないからです。

致命的なことは、**プロセスに焦点が当たっていなければ「いま」を感じることができない**、という点です。

たとえば、パソコンに夢中になりながらパンをかじっていれば、パンの味がわからないでしょう。お茶を飲んでも、どんな味なのか、あるいはそれが冷たいのか温かいのかすら気づかないでしょう。

これが「いま」に焦点が当たっていないということです。

「いま」に焦点が当たっている人であれば、〝パソコンをしながら〟ではなく、いったんそれをやめてから、パンをかじるでしょう。そのとき、パンのほうに意識を集中させることができるので、パンの味や香りや食感を味わうことができるでしょう。

こんな**ポジティブな感覚の〝感じ方〟が、充実感や満足感につながります。**

しかし、ポジティブな感じ方は、「いま」に焦点が当たっていないと味わえないものです。

つまり、めんどうくさいと思ってしまう意識の正体は、「いま」に焦点が当たっていないということなのです。

何を不満に思っているのか、気がついていない

これまでも述べてきたように、「いま」に焦点を当てられなければ、「自分の気持ちや感情や欲求」に気づくことができません。

いま、それを「したい」という自分の欲求に気づけば、その「したい」の願いを叶えてあげれば満足するでしょう。

いま、それを「したくない」という自分の欲求に気づけば、その「したくない」の願いを叶えてあげれば、満足するでしょう。

そんな満足を味わうことができれば、何をやっても「めんどうくさい」という気分にはならないでしょう。

さらに重要なのは、我慢の果てに感情を爆発させることはあっても、**日頃から自分の気持ちに気づいていなければ、何を不満に思っているのか、何をつらいと**

感じているのかすらわからない、ということです。

しかも、自分でわからないことを、

「もっと、私のことを察してよ。私が言う前に、先回りして私を満足させてよ」などと心の中で相手に要求しても、相手はそれに応えられるものではありません。

仮に相手がそんな要求に応えたとしても、満足することはないでしょう。なぜなら、満足感というのは「感じるもの」だからです。「相手が要求に応えた」という事実を頭で理解していても、それをポジティブな感覚で捉えられなければ、ほんとうの意味で満足することはできません。

どんなに愛されても、満足感を感じなければ幸せになれない

満足感を感じなければ、結局、どんなに相手に愛されても、それを「嬉しい、

幸せ」と感じ取ることができません。

こんな感度の乏しさが、長続きしない大きな理由の一つとなっているでしょう。

さらにまた、**自分の思いや気持ちに気づかないだけでなく、仮に気づいたとしても、それを言葉で伝えられないことも問題**です。

前述したように、それは我慢していて何も言えないという意味ではありません。実際には、言っていると思います。けれども、その言い方の大半が、相手を責める言い方だったり、争い合うような言い方になったりしているでしょう。

我慢が高じれば、その言い方に嫌味や皮肉を織り交ぜているでしょう。

こんなふうに、我慢するか、傷つけ合う言い方をしてしまうかのどちらかで、ポジティブなコミュニケーション能力を学んでいません。

こんな〝感じる感度〟や「ポジティブなコミュニケーション能力」の乏しさは、恋愛が長続きしない人たちの特徴です。

ポイント

- 「めんどうくさい」という感情は、「いま」に焦点が当たっていないから起こる
- 自分の気持ちに気づいていないと、「何が不満か」さえわからない
- ポジティブ感度が低いと、相手からどんなに愛されても、幸せに思えない

相手に追いかけられると、気持ちが冷めてしまう

愛し合う気持ちより「所有したい」気持ちが勝る理由

男性に多いのですが、恋愛を「相手を所有すること」と勘違いしている人が少なくありません。こう言うと、

「男性って、みんな、そんなところがあるんですよね」

と言う女性が少なくありません。最初から、

「男性というのは、こういうものだ。だから、言っても仕方がないんだ」

という諦めの感じなのでしょうか。男性性、女性性の性差は、たしかにあります。が、こんな男性観、女性観にも、一方的な思い込みや刷り込みが紛れ込んで

います。

少なくとも愛し合うという点においては、男性も女性も関係なく、**〝心を感じる感度〟を高めていけば、〝愛し合う感度〟も高くなっていきます。**

脳の構造で言うと、所有するというのは、脳幹の働きです。脳幹は、生命を維持するための機能を司っています。周知のとおり、睡眠欲、食欲、性欲といった原始的欲求です。

他方、「愛し合う」というのは、第3章で述べたように大脳辺縁系で生じる喜怒哀楽などの情動や感情が関連しています。

一般的に男性は、自分の感情を抑えようとします。

言うまでもなく、感情を抑えようとすればするほど、〝感じる感度〟が低下していきます。〝感じる感度〟が低下すれば、繰り返しになりますが、さまざまな質の高いポジティブな感情も感じられないようになってしまいます。

「愛」に通じる感情の機能が抑えられれば、原始的な欲求、本能的な欲求が勝ります。

次の例が、その典型と言えるでしょう。

自分が夢中になって追いかけているうちはいいのですが、

「相手が自分に熱中してくると、途端にどうでもよくなるというか、冷めてしまいます」

と言うのは、30代前半のある男性です。

「女性とのお付き合いが長続きしません。だいたいは自分からアプローチし、付き合うことが多いのですが、付き合い始めると、ほかの女性に目がいってしまいます。

最終的には、自分の浮気が原因で別れてしまうというパターンばかりです。

正直、3年も5年も同じ恋人と付き合っている人の感覚がわかりません。自分にも長くお付き合いできるような運命的な女性があらわれるのでしょうか（笑）」

脳幹の働きが活性化すれば、所有欲も活性化するでしょう。

たしかに「所有する、独占する、支配する」という快感もあります。けれどもそれは、彼が相手をゲットできたら飽きてしまうように、すぐに色あせてしまいます。

そんな所有欲から得られる快感と、「愛し合う」快感とは、その質の高さにおいて、比べものになりません。

〝感じる感度〟が高ければ、その関係の中に、数え切れないほどのポジティブな心地よさを味わい続けることができるでしょう。

たとえば、それは**お互いに信頼できる信頼感**かもしれません。**愛し合える人と一緒にいる安心感**もあります。**自分の拠《よ》り所とすることができる安定感**も得られるでしょう。ほかのところで傷つくことがあっても、**「私にはこの人がいる」という心強さ**もあります。

無意識に「一緒にいる」のが苦痛だと感じている

彼は、「長くお付き合いできるような運命的な女性を」と望んでいますが、これが叶うかどうかは疑問です。

彼は自分では、さまざまな女性にモテると信じています。けれども、彼に関心を抱くのは、相手のほうも長続きしない女性であるという見方もできます。なぜなら彼の言動パターンそのものが、長続きする人を最初から遠ざけてしまうからです。

恋愛は「単独で成立するもの」ではありません。相手にも、彼を選ぶかどうかの自由があります。ですから、仮に「この人こそ、運命の人だ」と彼が思ったとしても、相手のほうは、彼を選ばない可能性が高いと言えるからなのです。

もう一つ、もっと大きな理由があります。

それは、彼自身が、**ほかの人と一緒にいることを、無意識に「苦痛だと感じている」はずだ**という点です。無意識の視点から言うと、こちらのほうがほんとうの理由であるかもしれません。

「愛し合う」感度が育っていなければ、一緒にいることは、煩わしいばかりです。一緒にいることを楽しいと感じるよりは、苦しいと感じるでしょう。

彼もまた、長続きしない人たちの特徴どおりに、一緒にいると、「相手に合わせなければならない。従わなければならない」と発想してしまって、「心の自由」を奪われたように思ってしまうのです。

相手とポジティブな関係で一緒にいるためには、お互いに「**相手の自由を認める」ことが不可欠**です。言うのは簡単ですが、それを実行するには、非常に難易度の高いスキルを必要とします。ですから、多くの人たちが、一般の人間関係以上に恋愛での問題を抱えて悩むのは、当然のことなのです。

「風通しのいい関係」が愛を育む

恋愛だけでなく、家族など密着度の高い関係を平和的建設的に長続きさせるには、風通しのいい関係をつくることが不可欠です。すぐにできるものではありませんが、少なくとも「風通しのいい関係を築く」ことを目標としましょう。

それには、2人が**「話し合える関係」であるということが必須**です。

なぜなら、お互いに自分のしたいこと、したくないことを話し合えなくて、どちらも勝手なことをやっていたら、争うことになるからです。

意見が異なるから争うのではありません。**自分の主張や言い分に、一方的に相手を従わせようとするから争いになる**のです。

基本的には話し上手である必要はありません。お互いに向き合って考えたり、話し合うことで、心を通い合わせるための時間が貴重だと感じてくれる人を選ぶことです。

争いにならない話し合いができれば、大方のことは解決できます。

なぜなら、**人間の〝本質〟は、自分の我を通したり、相手を傷つけてでも主張を通すことよりも、「わかり合える」ことを欲求しているから**です。一緒に過ごしたり、一緒に話をしたりする、その中に喜びや満足を見出し、心が満たされることを望んでいるからです。それは、**「愛」という言葉に置き換えてもいい**でしょう。

一見、お互いに自分の気持ちや欲求を通したら、衝突すると思うかもしれません。

そんな争いを想起してしまう人は、自分の欲求を我慢するだけで、ポジティブな話し合いをした経験が乏しい人だと言えるでしょう。

恋愛だけでなく、人間関係をよくするためには、「風通しのいい関係を築く」ということが、最低かつ最大の条件と言っても過言ではありません。

そのためには、まず、お互いに相手の自由を認め合うことが基本となります。

さらに、認め合うためには、「話し合う」ことが不可欠となるでしょう。

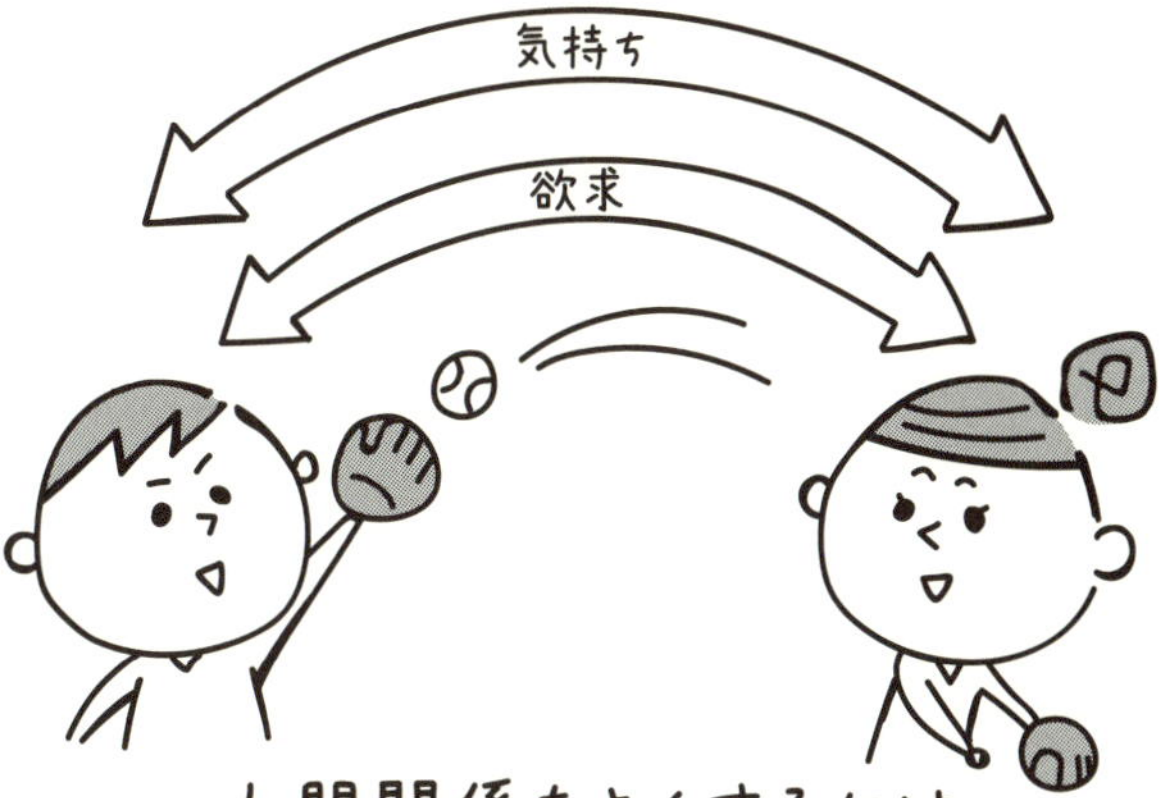

人間関係をよくするには「風通しのいい関係を築く」のが条件

さらにまた、話し合える関係になるためには、お互いに、「会話のキャッチボール」ができるスキルが必要となるでしょう。

一緒に寄り添って、お互いに相手の話に耳を傾けて会話のキャッチボールをしながら、その時間を喜びや満足や幸せなひとときにする。これが、お互いに自由でありながら幸せであり続けられる最良の方法なのです。

ポイント

- 〝感じる感度〟が低いと、「所有欲」などの原始的欲求が高くなる
- 〝愛し合う感度〟が育っていないと、誰かと一緒にいることを苦痛に感じてしまう
- お互いにわかり合い、心が満たされること＝愛
- 「風通しのいい関係」を築く
- お互いの自由を認め合う

第5章

人間関係が長続きしない

意気投合したはずなのに……。

「特別な自分」と「ほんとうの自分」のギャップ

多くの人が口にするのは、初対面で知り合って意気投合したり、そこに集まったみんなと話が盛り上がったりしたとしても、

「親しくなってしまうと、かえってそれから会うことを億劫《おっくう》に感じたり、苦痛に感じたりしてしまうんです」

というケースです。

あるいは、

「複数の人たちがいて、これ以上の仲間はいないと思えるほど楽しい時間を過ご

したけれども、数回会っただけで、すぐにその関係は終わってしまった」

というのもよく聞く話です。

でもそれは、無理もないことだと思ってください。

というのは、最初の出会いでとても心が弾んで楽しい時間を過ごすと、次にも、

「そんな時間を演出しなければならない」

「前回のように、陽気で元気な自分でいなければならない」

と思ってしまうからです。

実際の自分は、そうではありません。たまたまお互いに、そんな時間を過ごせたとしても、それは日常の自分ではありません。そうやって盛り上がるのは、自分にとっても「特別の時間」だったし「特別の自分」だった、ということなのかもしれません。

日常の自分は、そんなに陽気でもないし、朗らかでもないし、笑顔を振りまいているわけでもない。「ほんとうの私は、もっと暗いし、話すことも重い」、そう

自覚しているかもしれません。

もしかしたら、ほかの人たちも同様に、

「そんな自分を見せたら、場を白けさせるし、失望させてしまうかもしれない」

そう思っているかもしれません。

それに気づかず、お互いに最初の印象を再現させようとすると、全員が、前回のように弾むような時間にしなければならないと思ってしまうでしょう。

それでも、2、3度であれば、なんとか明るく朗らかな自分を演じられるでしょう。

しかしそれは、〝素《す》〟の自分ではありません。その時間のために、**偽りの自分を演じていたら、次第にそれを苦痛に感じていくのは当たり前**なのです。

過剰な自己演出は自分の首をしめる

「気に入られたい」という気持ちが自分を苦しめる

この例は、多少、非日常的なケースかもしれませんが、こんなふうに全体の雰囲気に圧倒されたり、その場の空気をキープしようとすれば、自分の〝素〟を出すのをためらってしまうでしょう。

誰でも他者によく見られたい、気に入られたいという気持ちを抱いているものです。

ですから人間関係が長続きしないという人は、この例のように、**過剰に他者を意識して、周囲の雰囲気を読んで動こうとしたり、その空気を壊してはいけないと思うあまりに、自分の〝素〟を出せなくなってしまっている**、という状態になっているのではないでしょうか。

そんな自分の殻を打ち破るには、逆説的ですが、むしろ、

「長続きしなくてもいいんだ」と自分に言い聞かせるというのは、非常に有効な方法の一つです。

人間関係が長続きしない人の多くが、最初から「自分は人間関係を長続きさせるのが下手だ」と信じています。

けれどもそれは違います。下手なのではありません。

相手に合わせたり、我慢したりしなくてもいい

たとえば、「長続きするかどうか」を過剰に気にすると、勢い、他者中心に陥ってしまいます。

他者中心になると、これまで述べてきたように、自分のことよりも、他者の言動ばかりに囚われていって、相手に合わせようとしたり、従おうとしたりしてしまいます。

その結果、じっと我慢したり、自分の心を疎かにするだけでなく、人の言うことを安易に信じたり、流行を追いかけたり、流言飛語に惑わされたりしやすくなるでしょう。

また、相手に利用されたり、騙されたり、裏切られたりもするでしょう。直感的に「おかしいな」と感じたとしても、自分を信じていないのでそれを打ち消して、相手の言葉に乗ってしまいやすいからです。

仮に、**相手に不信感を抱いたとしても、「自分を守る」ための方法を知らなければ、相手を責めることはあっても、自分で判断して行動することができません。**

むしろ、「長続きさせよう」と過剰に思うあまりに、思い込んだとおりの結果になってしまうのだとしたら、逆に、「長続きしなくてもいいんだ」と思ったほうが、気分だけでも解放されるでしょう。

かえってそのほうが、自分らしさを出しながら、人と付き合っていけるようになるかもしれません。

ポイント

- 「偽りの自分」を演じるから、苦しくなってしまう
- 「気に入られたい」と思うあまり、ほんとうの自分を出せていない
- 関係を長続きさせることにこだわらず、ほんとうの自分を出してみよう

時間が経つと、だんだん関係が悪化する

自分を認め、相手を認めよう

人間関係においては、「私を認める、相手を認める」ことが、最重要課題と言えるでしょう。それを果たすには、お互いに「同意を得る」あるいは「確認し合う」ことが大事です。

人間関係においては、この基本を侵すためにトラブルが起こっていて、これが守られれば、大半の問題が解決してしまうと言っても過言ではありません。

30代後半のある女性は、どこの職場でも、時間が経つと人間関係がうまくいかなくなり、長続きしないという悩みを抱えていました。

「最初はがんばって仲良くしようとするのですが、結局、最後は仕事のことで意見がかみ合わなくなり、自分から距離を置いたりして努力するのですが、上司でも同僚でも、次第にイヤなところばかりが目につくようになってしまいます。

最終的には、なんとなくみんなからも疎まれているような気がして居づらくなって、やめてしまうというのを繰り返しています。

何度もこういうことがあると、たまたま職場が合わなかったんだというふうには思えず、長続きしない自分を責めてしまいます」

意見がかみ合わないとしたら、話のポイントが理解できていない、見えていないということなのかもしれません。あるいは、お互いに「確認し合う」ということが足りないのかもしれません。話のポイントが理解できていないとしたら、なおのこと、「たしかめる」という工程は重要なことです。

「意見がかみ合わない」ということでは、こんなことがありました。

「この仕事に関しては、どんな予定になっているの」

と同僚が彼女に尋ねました。それは仕事の都合上、彼女の予定を確認しておかないと次の予定が立てられないからでした。

けれども同僚の真意が読み取れない彼女は、相手が自分の都合に合わせてくれるものだと思い込んでいて、

「20日か21日には仕上がると思います」

と答えました。

はっきりとした時間が知りたかった同僚が、

「はっきりするのは、いつですか」

と再度尋ねると、

「うーん、当日になってみないと、わかりませんね」

と曖昧な返事をしたのでした。

他人の顔色ばかり窺うのは逆効果

自分の仕事が同僚の仕事に関連することであれば、そのプロセスにおいて、お互いに確認し合うという作業は、仕事を進める上での優先事項です。

ところが、一方的な見方しかできない彼女は、自分の都合だけしか見えていませんでした。無自覚ですが、相手を自販機のように思っていて、コインを入れれば商品が出てくるというような意識です。

他者中心の人たちは、相手の顔色を窺《うかが》いながら、

「うまくやろう」

「嫌われないようにしよう」

「相手とトラブルを起こさないようにしよう」

といったことに腐心します。にもかかわらず、相手の立場を察したり、理解す

る能力に欠けています。

たとえば、自分が海で溺れているとしましょう。

救助者が、あなたを助けようと海に飛び込みます。

あなたは溺れまいとして、相手の腕にしがみつきます。たしかに、救助者が、溺れる自分を腕で抱きあげてくれれば安心するでしょう。

しかし実際には、救助者は、腕にしがみつかれれば泳ぐことができず、二人とも溺れてしまいます。

こんなふうに、自分の視点から一方通行的な見方しかできない人は、救助者の腕にしがみつけばどうなるかの予測や判断ができないのです。

これはあくまでも例えであって、このような緊急事態に対処できなければならないという意味ではありません。

他者中心の人たちは、他者や社会のことを過剰に気にします。自分が人と違っていることに恐れを抱き、人と同じことをしようとします。孤立することを恐れているために、人と同じことをしていると安心できるのでしょう。

けれども、そうやって**心の中では不安や焦りや恐れを抱えながら、頭は相手や他者のことでいっぱいになっているために、実際に目の前で起こっていることを立体的に把握できないし、その対処能力もまた、育っていない**と言えるでしょう。

思いやりを忘れない

場面、場面に即した対応ができないと、人間関係は長続きしません。

そこには、**相手に対する思いやりや共感の心を持って、相手の立場を〝感じられる〟能力が必要**です。

たとえば、あなたはこんなことはありませんか。

人と会う約束をしていても、急に気分が乗らないからといって、相手の都合も顧みず変更したりしたことはありませんか。

自分がほしいかどうかもわからずに、「みんなが買うから」という理由で、売り切れると困るから、

「必要ないと思ったら、あとで取り消せばいいや」

と安易な気持ちでとりあえず予約したことはありませんか。

Aさんと会う約束をしたけれども、Bさんから連絡がくると、Bさんに会うために、Aさんの予約をキャンセルしたというようなことはないでしょうか。

こんなとき、一方的な見方しかできない人は、それによって相手に迷惑をかけているということにまで思いが及びません。もしかしたらこのとき、相手はあなたのために、何かイベントを企画したり、サプライズを用意していたかもしれません。

その結果、それが縁の切れ目になってしまうという場合がなきにしもあらず、です。

「自分の自由」と「相手の自由」を尊重する

話がかみ合わない、気持ちが通じ合わないということは、誰にでも起こることです。

それを補うために言葉があるという自覚を持っていたいものです。

「私の自由」があると同時に、「相手の自由」もあります。

相手の自由を尊重するには、言葉で意思の疎通をはかり、確認するというプロセスが重要です。

「これはどうしますか」

「これでいいでしょうか」

「日時は、こんなふうにしましたが、問題ありませんか」

「こんなふうに解釈しましたが、これで合っていますか」

「こんなやり方でいいでしょうか」

「私はこう思うのですが、いかがでしょうか」

「こんなふうにしたいのですが、どう思われますか」

「こんなふうにするつもりですが、気になるところはありませんか」

などと、お互いを「認め合う」ためには、再度尋ねたり、確認したり、相手の言ったことをまとめて伝えたりと、具体的なやりとりは必須です。

仕事だけでなく、一緒に食事をしても、一緒に出かけても、一緒に会話をするときも、**お互いに「確認し合う」コミュニケーションをめんどうくさがらないこと**です。

一方的な見方しかできないと誤解が生じたり、失敗やミスが増えたりします。それを未然に防ぐためにも、しっかりと確認をとったり、同意を得たりする必要があるのです。

こうやって**「同意や了解を得ること」を心がけるだけで、人間関係で生じるト**

ラブルの多くが解消できるのではないでしょうか。

ポイント

- 他人を気にしてばかりいるのに、じつは相手の立場を考えていない
- 一方的ではなく、お互いに「認め合う」ことが必要
- 何事も「同意や了解を得ること」を心がけてみよう

なぜか関係がフェイドアウトしてしまう

「誰とでも仲良く」と考えるから、うまくいかない

誰もが、

「がんばって、仲良くしよう」

「職場のみんなとうまくやれるように、努力しよう」

などと考えます。

けれども、じつは、そんな「**みんな**」や「**誰とでも**」と**思考することそのもの**

が、すでに「人間関係を難しくする」兆候をあらわしています。

なぜなら、その言葉を発想すると即座に他者中心モードになって、自分の心を無視する方向へと傾くからです。

自分の心を無視していれば、ほんとうは相手を嫌いだと感じていても、そんな相手ともうまくやっていこうとするでしょう。

なかには、自分の状態を無視するあまり、自分は「人付き合いがうまい」と勘違いしている人もいます。

20代後半のある男性は、こんな悩みを抱えていました。

「〝季節ごと〟に〝所属している〟というか、よく遊んだり飲みに行ったりする友だちが変わります。人付き合いは、自分ではいいほうだと思います。誰とでも親しくなって、盛り上がります。

けれども、自分でもなぜだかよくわかりませんが、親友と呼べるような付き合いの長い友だちがいません。

ある一定の期間は、毎週会ったり一緒に出かけたりするのに、それが過ぎるとめんどうになるのか、飽きるのか、顔を出すのが億劫になり、フェイドアウトしてしまいます。そんなようなことを繰り返しています。

お金を借りるとか失礼な言動をするとか、そういったトラブルを起こしているわけではないのに、なぜだろうと思います」

これは、自分の気持ちを無視している人の典型です。

自分では「人付き合いはいいほうだ」と思っていますが、実際には長続きしていません。これは、**長続きさせる自信がないから、自分の無意識が長続きしないように持っていっている**というのが真相です。

ここが顕在意識で考えていることと無意識で思っているところとの違いです。無意識は、しっかりと自分の願いを叶えてくれているのです。

実際には彼は、自分が思っているほど人付き合いがいいわけではありません。むしろ、**人とどう付き合ったらいいかわからない**でいます。

めんどうに感じたり億劫になったりするというのは、**自分が無理をしているからです**。無意識は、それを知っているのです。

だからその無理が限界に達すると、いきなり付き合いを断ち切るような言動をしてしまうのです。

自分の心を無視すると、距離のとり方がわからなくなる

もっとも他者から見ると、そんな行動をとる彼を、身勝手な奴だと思う人もいるでしょう。誰とでも親しくなって豪快な飲み方や遊び方をするので、豪放磊落《ごうほうらいらく》と評する人もいるでしょう。

おおむねこんな印象で、彼ともっと親しくなりたいと望む人から、

「自由奔放な人だから、引き留めるのは無理だよね」

と言われたりもしているでしょう。

実際は、そうではありません。

自分に対する心の感度が粗雑だと、連日飲み歩いたり遊び回ったり、お金をば

らまくように散財したりと、極端な行動をしがちです。

毎日豪快な付き合い方をしていたのでは、身がもちません。しかもそうやって、いきなり距離を縮めてしまうので、気がつくと、あまりにも近づきすぎていて、その反動で、これもまた極端に、何もかも捨てて逃げ出したくなってしまうのです。

それが、第三者には、豪快な人、身勝手な人、自由奔放な人と映るのですが、**自分の心を無視するあまり、ほどよい距離のとり方を知らない人**というのが真相なのです。

心を乱暴に扱うと、危ない

ではどうして、彼はそうやって、極端な行動をとってしまうのでしょうか。それは、前述したように、**自分の心を感じる感度が、粗雑だから**です。

粗雑だというのは、決して好ましいことではありません。

それは、いわば、殴られても痛みを感じない、ひどく傷つけられても、平気でいられる、ひどいトラブルが起こっても耐えながら笑っている、というふうに。これが自分の心を乱暴に扱っているということなのです。

一般的な言い方をすると「打たれ強い」ということなのでしょうが、それは裏を返せば、自分の心に気づかないということでもあるのです。

自分が心の痛みに気づかなければ、どんなにひどい言い方をされても乱暴に扱われても、それが日常となってしまいます。そうなると、大半の人が危険だと感じたりこわいと感じたりして踏みとどまるときでも、感度が鈍っていると、自ら危険な道へと進んでしまいます。それこそ、崖の縁で落ちそうになって気づくというふうに、ギリギリにならないとわからないのです。その「ギリギリ」が、友人関係をいきなりばっさりと終わらせてしまうことにつながっているのです。

それだけではありません。このような「打たれ強い」人は、それが「普通」のことになってしまっています。そのため、彼自身もまた、人を、同じくらいの

「打たれ強さ」で扱います。最初は「楽しい人」だと思われていても、相手を傷つけても気づかなければ、関係が悪くなっていくのは当たり前です。

相手の立場からすると、

「どうせ、話をしても聞いてくれないので、無駄だ」

と思ってしまうでしょう。

実際に、相手が「こんなところで、傷ついた」と訴えたところで、彼には、

「どうして、そんなことぐらいで傷ついたと騒ぐんだ。たいしたことないじゃないか」

というふうにしか思えないでしょう。

自分の心の痛みに無関心だったり鈍感だったりすると、こういう結果になるのです。

ポイント

- じつは自分の無意識が長続きさせないように持って行っている
- 自分の心を無視すると、人との距離の取り方がわからなくなってしまう
- 自分の心の痛みに、敏感でいよう

返信がめんどうで、友人がいなくなってしまった

「完璧主義」だから「めんどうくさく」なる

いつも友だちに嫌われてしまい、友人関係が長続きしないという20代後半の女性がいました。

「学生時代の友人ともほとんど縁が切れてしまいました。メールやＬＩＮＥがとにかく億劫で、返事をするのが苦手です。長いこと返事をしていないと、いざ返事をしようという気持ちになっても、『いまさら返事をしても迷惑だろうな』と思うと、返信できずにそのまま立ち消えになってしまったということもありました。

学生時代はそれでも必要性にかられて、連絡をとったりしていましたが、社会

人となり、それも必要なくなると、ますます連絡をするのが億劫になり、たまに心配して連絡をくれた友人にも、『いまさら』という気がしてしまい、なかなか返信できないでいます。

普段はそれでもいいやと、割り切っているものの、それでも、たまに遊んだり飲みに行ったりする友人がほしいなとふと思ったり、完全に自業自得とわかっているのですが、孤独を感じてしまいます」

彼女は、自分に厳しい人の典型だと言えるでしょう。

「メールやＬＩＮＥがとにかく億劫で、返事をするのが苦手」となってしまうのは、誰が読んでも完璧な文章、まったく非の打ち所のない文章、どこからも攻撃できない要塞のような文章を書かなければならないと、無意識に思っているからです。

奇妙に思うかもしれませんが、こんな完璧主義の人たちほど、「メールがきたら、すぐに、必ず返信しないといけない」

と思い込んでいます。

たとえば友だちから相談されたりすると、

「すごい！　さすがだ！」

という評価を得られるような答え方ができなければならない、などと思っています。**自分を優れているように見せようとするあまり、背伸びしたり見栄を張ったりしています。**

現実の自分を理想の自分に当てはめても、苦しいだけ

相手に気に入られるようにと思ったり、感心されるような文章をなどと、そのことばっかりに心を砕いていたら、返事をするのが億劫になるのも無理はありません。そう思えば思うほど負担に感じるので、ずるずると先延ばしにして、結局は、「返事ができなかった」となってしまうでしょう。

そうやって、**現実の自分を、「理想の自分」に当てはめようとすると苦しくなります。**しかもその「**理想像」は、自分が心から欲求している理想像ではなく、他者の目を基準にした理想像であるために、**そんな理想像に自分を当てはめようとすると、いっそう**心が重くなる**でしょう。

しかもこんな理想像を自分に要求すれば、自分に対してどんどん厳しくなります。

日常生活でも、

「失敗してはいけない。ミスをしてはいけない。完璧にできなければならない」

などといった要求を自分に強く突きつけることになります。

そんな思いが高じれば、物事に取り組むときは、「完全に成功する」という自信や確約がないと動くことができない、というふうになっていくでしょう。だから結局は、「動かない」で終わってしまうのです。

しかもそんな**完全主義を自分に課していると、他者にも厳しくなっていきます。**

現実の自分を理想の自分に当てはめても
苦しくなるだけ

しかし、他者に厳しくなれば、自分はいっそう失敗するわけにはいかなくなります。相手に厳しい態度で臨んだときに、「でも、あなただって、失敗しているじゃないですか」と指摘されれば、やぶ蛇になるからです。

そこで考えます。

失敗しないためには、行動しないほうが安全です。自分では動かずに、他者にやらせたらいっそう安全です。失敗しません。

こうやって、**自分では決して動かずに、**

相手の自由を奪い、干渉し、そして指示、命令していく人間ができあがるのです。

母親が、「自分の望むもの、自分が理想していること」を、子どもに達成させようとするのが格好の例です。

こんなふうに、自分に厳しい人は、他者にも厳しくなっていって、人生そのものが厳しくなっていきます。

彼女も同様に、自分が自分に厳しいとは気づいていないかもしれません。ですから、**人間関係が長続きしない人は、まずは、「自分に厳しくしない」ことから始めましょう。**

素直に気持ちを伝えてみよう

これまで例で挙げてきた他者中心の人たち全般に共通するのは、とりわけ**「自分の気持ちに素直になれない」**ということではないでしょうか。当然のことながら、自分の気持ちを素直に伝える表現のスキルも身についていません。
たとえば先の彼女の場合を例に挙げると、
「今週は、仕事で頭がいっぱいになっているから、返事は遅くなると思います。
それでよければ、いつでもメールしてね」
などと、自分のいまの状態を素直に伝えることができるでしょう。
自分がどんな返事をしていいか迷っているときは、そのまま、
「なんて返事をしたらいいのかと迷っています」
と率直に言えばいいのです。
ちゃんとした返事をしなければならないときであっても、
「まだ、どうしたらいいか、決めかねています。一両日、時間をください」
と伝えてから、あとでゆっくり考えることもできます。
彼女のように、長いこと返事をしなかった場合であれば、
「いまさら返事をしても迷惑だろうなと思いつつも、やっぱり、お返事しないと

気持ちがスッキリとしなくて」

というふうに、その気持ちもそのまま書けばいいのです。

「素直に」という点において誰しも苦手とするのは、「謝る」ことでしょう。

他者中心の意識で絶えず人と勝ち負けを争っていたり、他者に不信感を抱いていると、素直に謝ることに、強い恐れを抱きます。

ただはっきり言えることは、自分がミスしたり、失敗したり、相手を傷つけたりしたと思ったら、早めに謝ったほうがこじれないで済みます。

また、理解し合ったり、許し合ったりするには、一回きりで終わるのではなく、繰り返し話し合うということも、視野に入れておきましょう。

むしろ、そうやって繰り返し話し合える相手というのは、信頼し合える相手だということもできるでしょう。

相手と問題が起きたときにこそ、**お互いに解決に向けて行動していくことで、「信頼し合える」関係であるか、あるいは「信頼し合える」関係を築いていける相**

手であるかどうかを見極めるチャンスとすることができるのです。

ポイント

- 返信がめんどうくさくなるのは、「完璧」をめざしてしまうから
- 自分にも他人にも厳しくするのはやめよう
- 自分の気持ちを素直に伝えてみよう

第6章

それでも「長続きさせたい！」と思うあなたへ

「長続きする」ことに囚われない

「長続きする」＝「毎日途中でやめる」こと

これまで述べてきましたように、中途半端が悪いわけではありません。むしろ、中途半端であることが、長続きの秘訣だと言うことができるでしょう。

〝時間〟というのは誰にでも公平です。1日は24時間です。24時間で終わらなければ、次の日の24時間で取り組むことになります。

つまり、**「長続きする」というのは、次の日もそれをする、次の日もそれをするということの連続**です。これは言い換えれば、**「毎日中途半端で終わる」ことの連続**です。

理想を言えば、次の日も「それをしたい」、次の日も「それをしたい」というポ**ジティブな欲求が生じれば、自分に強制しなくても自然と長続きするもの**です。

ですから「長続きする」には、そんな欲求を抱ける自分になる、あるいはそんな欲求が生まれるような状況や環境をつくる、ということが重要になってきます。

しかしこれは、頭で考えて、「長続きできるようになろう」などと、どんなに唱えてもできることではありません。「長続きする」ことに囚われてしまうと、逆に、その意識から、

「長続きできなければならない」

などと自分に強制することになり、かえって長続きしない自分をつくることになってしまうでしょう。

ではどうしたら、もっと効果的に長続きする自分になることができるのでしょうか。

少しずつ、ネガティブな意識を捨ててみよう

手っ取り早いのは、**自分の中の根底にあるネガティブな意識を、少しずつでも「捨てていく」こと**です。

ネガティブな意識にはもろもろありますが、最も代表的なものは戦う意識です。

ほとんどの人が、意識の中で常に戦っています。

ふつうの生活をしていると、自分では戦っていないつもりであっても、それは自覚できていないだけでしょう。

現代は競争社会であるために、競い合い、争い合うことが常態化しています。

と同時に情報社会でもあるために、「感じる」という機能をどんどん低下させています。しかもどれだけ早く情報をつかむかという争奪戦が、いっそう争い合うことを激化させ、また、感じることを鈍化させているという面も否定できません。

「長続きする」ことに囚われず「ネガティブ意識」を捨てよう

「勝ち負け」の意識が、自分を苦しめている

もしかしたらあなたは、長続きさせるためには、「人と競い合う」ことが大事だと思っているかもしれません。

もちろん、競い合うことで切磋琢磨し、長続きしたり技術の向上が期待できるでしょう。

ただその一方で、競い合うあまりに「勝つ」ことに意識が集中すれば、相手と競って「勝った、負けた」で一喜一憂することになります。これでは長続きするどころか、戦う意識だけで疲れ果ててしまうでしょう。しかもその戦いに負けて脱落すれば、それですっかりやる気をなくしてしまうということにもなりかねません。

それだけではありません。もう一つ、こちらのほうがより重要です。

感情や五感の感じ方の感覚が鈍化するというのは、長続きするための源泉とも言える「～したい」という欲求が失われてしまうということにつながります。

こんなふうに、他者と競い合うことで得られる効果があったとしても、争う意識はそれ以上に、自分にとってマイナスに働きます。

さらに言えば、**他者と争うこの意識は、同時に自分にも向かいます。**

それは、**「自分と戦う」ということ**です。

他者と戦うというのは、じつは、自分と戦うということと同義です。

たとえば、自分を下に見られたくない、バカにされたくない、負けたくないと思っていれば、それは、「そんな自分になりたくない」と、自分とも戦っていることになります。

「中途半端ではいけない」という思いも、他者を意識しているために出てくる言葉ではないでしょうか。

中途半端な状態でやめてしまったら、「人は自分のことをどう思うだろう」と考えたりしませんか。あるいは、「最後までやり遂げなければならない」と思うのはどうしてでしょうか。それは他者を意識するからでもあるし、自分自身に対して、それを要求しているからでもあるでしょう。

けれどもそうやって、**他者にも自分にも、「中途半端ではいけない」と突きつけるから、逆につらくなって、やめてしまうことになる**のです。

他人に認められても、自分の自信は戻らない

自分と戦っていると、

「どんな自分であってもOK」

あるいは、

「どんな自分であっても好き」

というふうには、自分を認めることができません。

自分を認められないので、自分と向き合うことも受け入れることもできません。

欠点のある自分、劣っている自分、そんな**自分を認めたくないから、自分に嘘《うそ》をついたり虚勢を張ったりせざるを得なくなる**のです。

かと言って、他者に認められようとしても、**もともと自分を認めていないので、他者が認めてくれたとしても、常に自信がありません。**

自分に自信がないと、場合によっては他者を否定したり貶めたりすることで、自分の位置を押し上げようとしたりするでしょう。

仮にそうやって人に勝ったとしても、勝つことで「どんな自分であっても好き」というふうにはなりません。もともと自分を否定していることに変わりはありませせんし、「自分と戦うこと」をやめることはできません。
どんなに**相手に勝ったとしても、自分を認められないことからくる不安や恐れから、逃れることはできない**のです。

ポイント

- 「長続きする」＝「毎日中途半端で終わる」こと
- 他者や自分と戦う意識が「中途半端はいけない」という意識を生む
- 自分と戦うのをやめて、自分を認めてあげよう

自分を認めてあげよう

自分で自分に優しい言葉をかけよう

あまりにも、自分に対して「厳しい人」たちが少なくありません。

あなたは、自分をどんなふうに評価しているでしょうか。

「よくやっているよ。がんばっているね」

と自分に言っているでしょうか。

自分と戦っている人たちは、自分に対して、決してこんないたわりの言葉を投げかけたりはしないでしょう。

どんなにがんばっても「もっと、もっと」と自分に号令をかけたり、過酷な課

バチッ
バチッ
バチッ
常に自分と戦っていると…
もっと!
もっと!
またミス
したな!
そんなんじゃ
ダメだ!
自分で自分を認められなくなる

題を突きつけたりと、常に自分をバッシングしているのではないでしょうか。

ほんのちょっとしたミスや失敗に対しても、自分を否定したり、拒否したり、バカにしたり、乱暴な言葉で罵ったりしているに違いありません。もしそうだとしたら、これこそが「**長続きできない**」**決定的な要因**だと言えるでしょう。

「本来の自分」をまるで敵であるかのように扱っていれば、どうやったら自分に勝つことができるのでしょうか。

自分と戦っている人が、敵である自分に対して、

「よくやっているよ。無理しなくても大丈夫だからね。それで十分だと思うよ」

こんな言葉を、自分に投げかけることができるでしょうか。

自分と戦っている人たちは自分に対して厳しいために、自分を叱咤《しった》することはあってもねぎらおうとはしません。そんな言葉すら知らない人もいるでしょう。

結局、どんなに自分と戦っても、こんな言葉を自分にかけたり、いたわったりすることができなければ、なんのために戦っているのでしょうか。最初から最後ま

で自分と戦って自分に厳しくしていれば、自分で自分を認めないのですから、長続きしないのも道理です。

それよりも、

「よくやっているよ。そんなにがんばらなくても大丈夫だから。自分のペースで、ゆっくりやったほうがいいよ。そのほうが長続きするんだよ」

あるいは、

「前より少し上達しているから、よかったなあ」

「続けることが、だんだん楽しくなってきているので、嬉しいな」

「今日は、疲れたから、もうここで終わりにしよう」

「今日は、やる気が出ないから、やめよう」

日頃から、**こんな言葉を自分に投げかけられる自分でいたほうが、はるかに長続きすると思いませんか。**

「自己評価」が低いと、厳しい道を選んでしまう

自分に厳しいと、わざわざ、「厳しい人生」を選びます。ラクに達成できる方法があったとしても、それを選びません。戦うことに馴染《なじ》んでしまっているので、あたかも、わざわざ失敗したがっているかのように、ハードルを高くします。

自分に厳しい人は、ラクに達成できる方法は、眉唾ものに見えてしまうのです。へんな話ですが、困難な方法を選んで苦労するほうが、ある面、心が安定します。

そうやって自分と戦い、自分に厳しいのでうまくいっても、自分に合格点をつけません。そんな気難しさゆえに、**客観的には優れているとしても、「自己評価」の低さが自らを苦しめます。**自分を否定し続ければ、長続きしないのも道理です。

ポジティブ感度を高めれば、自己評価が高くなる

ではどうしたら「自己評価」を高めることができるのでしょうか。

まず、この**「自己評価」というのは、いわば〝実感〟**です。

たとえば、あなたがいま、**「ポジティブな感じ方」を実感**しているとしたら、これが**「自己肯定感」**です。

いまあなたが、**「ネガティブな感じ方」を実感**しているとしたら、それが**「自己否定感」**です。

言葉や思考で自己肯定感を高めようとしても、自己肯定感を高めることはできません。他者に認められれば、自己肯定感が高くなるわけでもありません。

なぜなら、**自己肯定感というのは〝感じるもの〟だから**です。

たとえば、「ポジティブな実感」の感度が高いAさんと、ネガティブなことには

すぐに敏感に反応するけれども、「ポジティブな実感」の感度が低いBさんがいるとしましょう。

2人がまったく同じことに挑んで、それが「できた」としても、2人の反応は異なるでしょう。

Aさんは素直に「できた、よかった」と満足し、できた自分を喜ぶことができるでしょう。他方Bさんは、

「この程度で満足しているようでは、ダメだ」

と思うでしょう。さらには、他者と比べて、

「もっともっとがんばらなければ、あの人に追いつかない」

などと考えるかもしれません。

このときBさんが実感しているのは〝自己否定感〟です。

日頃の生活の中で、こんなポジティブな実感のほうが多いのか、反対にネガティブな実感のほうが多いのか、その分量や質によって、自己評価の程度が決

まってくるのです。

自分の心に寄り添った選択ができる方法

この実感を公式化して言うと、**ポジティブの実感の分量が多ければ、それを土台として物事を捉え思考し行動していくために、ポジティブなものを選択していきます。そのために、物事に取り組めば成功する確率も高くなります。**

反対に、ネガティブな実感の分量が多ければ、それを土台として物事を捉え思考し行動していくために、ネガティブなものを選択していきます。その結果、失敗する確率が高くなるでしょう。

これは、物事の捉え方から行動まで、ほぼ自動的に連動していきます。

たとえばこの伝でいくと、「ポジティブな実感」の感度が高い人は「好き嫌い、快不快、苦楽」や「したい、したくない」がはっきりしているので、**自分の心に**

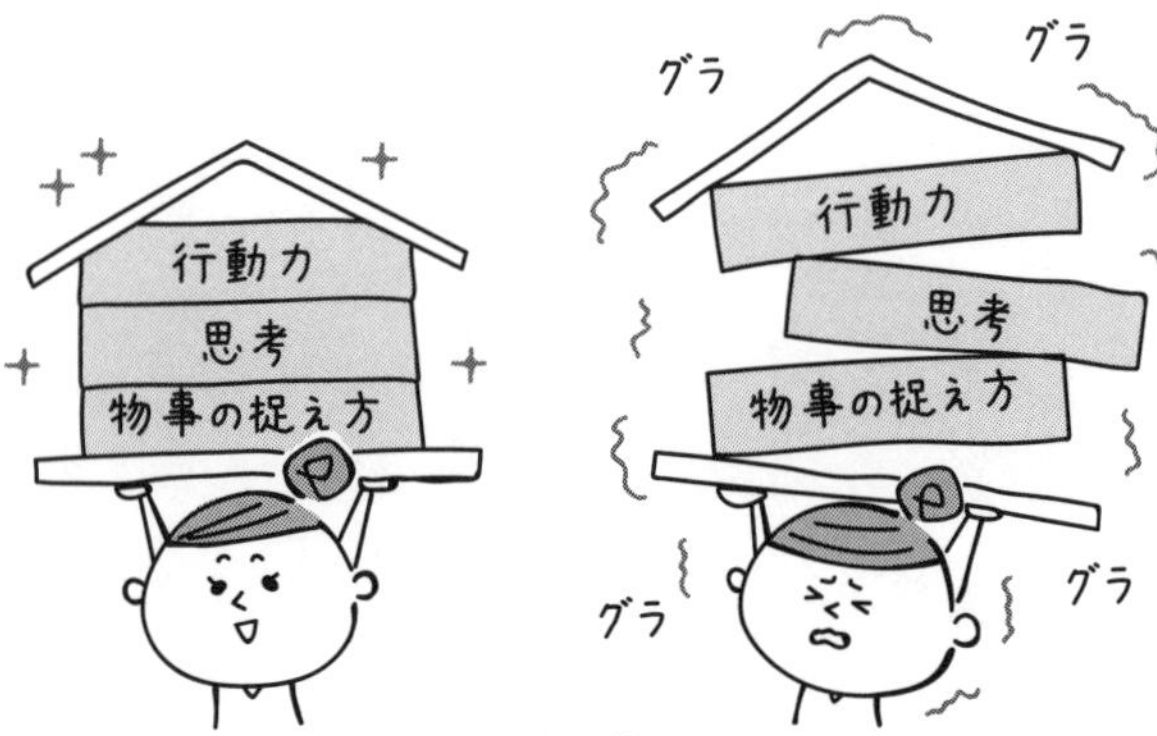

ポジティブ実感が多いと
物事は成功する

沿った選択をしていくでしょう。「好き、楽しい、おもしろい」といったポジティブな気持ちは、長続きするための重要な要素です。そのために、**自ずと自分の選択したものにやる気や意欲を見出していくでしょう。**

ネガティブな感度が高い人は、得してポジティブな感度が育っていません。そのために、自分がいま取り組もうとしていることに対して、「好きかどうか、わからない」ということも少なくありません。また、そうであるために、他者中心的発想で、

「みんながやるから、私もやっておいたほうがいい」

という決め方をしたり、

「これをやっておいたほうが、得だから」

といった損得で選びがちです。

しかしこんな選択の仕方は、自分では感じられなくても、**自分の気持ちを無視していいます**。そうであれば、**無意識のところで抵抗感を覚えるでしょう。**

どんなに自分を鼓舞しても、自分のしたくないことは、心が抵抗します。それが高じれば、次第に苦しくなって、途中でやめたくなるでしょう。

こんな点からも、「ネガティブな感じ方」の感度だけでなく、「ポジティブな感じ方」の感度も意識して育てていきたいものです。

ポイント

- 自分で自分をほめてみよう
- 自分に厳しいと、自己評価が低くなる
- 自分を否定しつづければ、物事は長続きしない
- ポジティブ感度が高ければ、自分の心に沿った選択ができる

自分の心の状態を把握しよう

他人の言動に囚われて、自分の気持ちを確認できていない

実際に、自分の気持ちに気づかない人たちが少なくありません。

たとえばカウンセリングの最中に、

「その人と、ほんとうに親しくなりたいのですか？」

と尋ねることがあります。

すると、

「相手が変われば、親しくなれると思います」

と答える人が少なくありません。

「ご自身は、相手に対して、どんな気持ちを抱いているのですか？」

と尋ねても、首を傾《かし》げる人もいます。

こんなふうに自分がどう感じているかがわからない人は、日頃から、自分の気持ちに焦点が当たっていません。**他者の言動に気を奪われてしまうので、自分の気持ちを確認する暇がありません。**そのために、思考ばかりに囚われていて、「相手が私の気に入るようにしてくれたら、仲良くできます」

と答えてしまうのです。

「好き、嫌い」「したい、したくない」を自覚しよう

しかし、これはそうなるだろうと頭で考えているだけで、実際にそういう経験をしたということではありません。実際にどうなるかを、リアルに考えたこともないと言えるでしょう。

そこで、

「その人と、一緒に旅行したいと思いますか。一緒に旅行している場面をイメージしてください。電車や飛行機に肩を並べて乗ったり、向かい合って２人で食事したり、一緒の部屋に泊まったりしたとすると、どんなイメージが湧きますか」

と尋ねてみることもあります。即座に、

「あ、２人きりで旅行なんて、とても無理です。イメージしてみて、私は相手が嫌いなんだと、いま、わかりました」

と、そこでようやく、自分の心の状態が理解できるという人もいるのです。

こんなふうに、知識や情報が重要視される現代社会の傾向とも言えるのですが、**自分の「好き嫌い、快不快、苦楽」や「したい、したくない」を自覚できない人たちが増えています。**そのために、**それを続けることに苦痛を感じてようやく、自分が好きでなかった、興味がなかったと気づく人も少なくない**のです。

ポイント

- 他人のことばかり考えていると、自分の心の状態がわからなくなる
- 「好き嫌い、快不快、苦楽」「したい、したくない」を自覚しよう

我慢して最後までやり遂げても、忍耐力はつかない

我慢すればするほど、自信がなくなっていく

「でも、好きでなくても、最後までやり遂げれば忍耐力がつくので、いいのではないでしょうか」

と主張する人がいます。

果たしてそうでしょうか。

自分の心を偽って周囲に合わせてがんばったり、つらいのに我慢してやり続けた人たちは、いま自分を振り返ってどうでしょうか。

忍耐力がつきましたか？

もちろん、それなりの忍耐力はついたのかもしれません。けれども、それは**結果を得るための忍耐力ではなく、「忍耐力をつける」ために忍耐するというだけで、それがいい結果に結びつくこととは違っている**ように思います。

それは自分の気持ちや感情を無視しているからです。

自分の心を無視することですから、長続きするわけがありません。

たとえば、会社をやめたくなってしまうほどつらい気持ちを抱えながら、それでもまだ我慢してそこに居続ける人がいます。

それは、忍耐力をつけるためではありません。心の中で、

「簡単にやめるようでは、ダメだ。我慢できなければ、ほかのところに行っても、同じように我慢できなくなってしまうだろう」

などといった言葉で自分を戒めようとするかもしれません。

しかし本心は、そうではありません。「やめることを恐れている」のです。

「いきなりやめてしまったら、職場のみんなが、自分をどう思うだろうか」
「せっかく慣れてきたのに、いま、ここをやめてしまって、もし、ほかのところでまたつらくなったらどうしよう」

などと考えて、行動するのがこわいという状態なのです。自分では、それに気づいていない人が少なくありません。

そんな状態で忍耐力がつくということはありません。

むしろ、**我慢してがんばればがんばるほど、心の負担や苦痛が増すので、どんどんつらくなって、自信もなくしていく**でしょう。

そんな自信のなさを抱えながら、とうとう耐え切れずに会社をやめたとしたら、いっそう自信を失くしていくでしょう。そんなパターンを数回繰り返せば、疲労《ひろう》困憊《こんぱい》してしまい、最後には、立ち直れないほどに心が折れてしまうかもしれません。

「中途半端な自分」を責める人たちの大半が、そうやって、途中でやめることを自分に許さなかったり、最後までやれば忍耐力がつくと勘違いしてしまっていて、逆に「長続きしない」というのが実態なのではないでしょうか。

「最後までがんばれば成功する」を鵜呑みにするのはやめよう

最後までやり遂げると忍耐力がつくという捉え方は、間違っています。

むしろ、**害になる**と言いたくなります。

誰もが学校や、会社の昇格等々で、試験や受験を体験しているはずです。

その中でも熾烈《しれつ》を極めるのは、大学の受験競争でしょう。

難関校をめざし、はちまきをしてがんばる塾もあるといいます。

でも、どうしてそうまでしてがんばることができるのか。それは、受験にはゴールがあるからです。合格というゴールをめざしているので、ある期間中、気持ちを奮い立たせてやり続けられるのです。

では、入試を受けるようなそんながんばりや精神力を、毎年毎年、要求されたらどうでしょうか。何度でもやりたい、という人はめったにいないでしょう。逆に、そうやって歯を食いしばってがんばってきた人ほど、

「そんな苦痛は、二度と味わいたくない」

と思うのが自然なのではないでしょうか。

では果たして、それに比例して忍耐力がついているでしょうか。

現実的な問題として言うならば、若者から壮年の世代の中で、「引きこもり」状態の人たちが猛烈に増えています。

それは、そうやって「最後までがんばれば、成功する」と言われ続けてきたことを鵜呑《うの》みにしてがんばってきた人たちなのではないかと思います。

たとえば、こんな悩みを抱えている男性がいます。

「学生時代からのアルバイトも続いたことがなく、新卒で入った会社も一年も経たずに退職しました。その後もアルバイトや契約社員として働きましたが、仕事

内容がまったくおもしろいと思えず、長続きしません。そもそもふつうの人が毎日会社に通っていることが信じられません。かといって『これをやりたい!』という意欲も湧かないし、起業したり、クリエイターになったりする才能もないので、お先真っ暗という感じです」

こんな悩みを抱く人たちの心の奥には、すでに人生を半ば諦めてしまっているような無力感が横たわっています。

それは恐らく、歯を食いしばって苦痛を覚えながらがんばってきた過去があるからでしょう。無意識に、そんな経験は「もう、したくない」と思っているのかもしれません。

「できてよかった」ことを増やそう

意識の根底に無力感が巣食っていれば、この男性のように「お先真っ暗」という思考にはまってしまうのは無理ないことです。

そこには、「継続している」ときに味わえる満足感や充足感や喜びがありません。

自分の心を無視して、我慢しながら「最後まで」と苦痛を覚えながらがんばれば、ネガティブな意識ばかりが増大していって、自分の心を満たす喜びを喪失してしまいます。

自分の心を満たす喜びを失くしてしまえば、忍耐力そのものが、無用の長物と化すでしょう。

では頭を180度切り替えて、自分の気持ちや欲求のほうに焦点を当てて「自分中心」の視点から捉えると、どういう発想や行動になるでしょうか。

たとえば、**自分が「いまやっていること」を、どんなふうに感じているかに気づくでしょう。**

この「**自分の気持ちに気づく」あるいは「自覚する」というのは、自分を大事にする基本**です。自分に気づいてこそ、自分を大事にできるのですから、これは

自分にとって「よかったこと」です。

次に、どうしてやめたくなったのか、自分の気持ちを探るうちに、

「ああ、そうか。最初から、やりたいという気持ちではなかったなあ。何もないから、とりあえず、これでもやってみようかと思ったんだ」

という「動機」に思い当たるかもしれません。

これも、「自分の心に気づく」という意味で、自分にとって「よかった」ことです。

そんな自分に気づくことができれば、

「まあ、最初の動機がそうだから、続かないとしても、仕方ないか」

と、自分を認めることができるでしょう。

自分を認めるというのは、何よりも重要で、これも「よかった」ことです。

あるいは多少我慢して続けたとして、それでもやめたくなったら、むしろ、

「やっぱり、やめよう」

自分の心の声に素直でいよう

と決断できるほうが、より自分の心に沿っていると言えるでしょう。

そして「やめよう」と決めたとすれば、自分に対して、

「やめると決められて、よかった」

と自分に言うことができるでしょう。

そのやめるという決断は、**自分の気持ちを基盤として「意志を持つ」心地よさを自分にもたらしてくれる**でしょう。

そしてまた、やめると決断して、実際にやめたとすれば、

「私は、行動できてよかった」

となります。

自分中心になると「できてよかった」ことが、たくさんあると気づくでしょう。
こんな**「よかった」が、自分を認め、自分を信じる「自己信頼」につながっていく**のです。

できないところだけクローズアップするのはやめよう

この「よかった」は、どこでも通用する意識です。

たとえば禁煙しようと決めたとしましょう。

まず、禁煙しようと決められてよかった、と言えるでしょう。

1日できれば、行動できてよかった、と言えます。

実際には、結局禁煙できなくて、何度も挑戦する人もいます。

それでも、1回目の禁煙よりも、2回目の期間のほうが長かった。3回目はさらに期間が長かった、とすれば、それも、

「前回より、長くできてよかった」

と言えるでしょう。

自分中心的な視点に立つと、「中途半端」という言葉は、決して、自分の状態を適切にあらわしているとは言えません。

私たちは普段から、**意識していないけれども、あらゆることを途中でやめてい ます。**だから日常が回っているのです。にもかかわらず、**わざわざできないところだけをクローズアップし、「中途半端」という言い方で自分を責めたり否定したりするのは、不当なのではないでしょうか。**

むしろ、客観的に言うと、長続きさせるには、自分の気持ちや感情や意志を大事にして、「したい」という欲求から始まって、さらに「もっと続けたい」という意欲や継続力へとつなげていけるかどうかがポイントとなります。

それには、**「途中でやめられる」自分になること**です。これが、長続きさせる最大のコツだと言えるのです。

ポイント

- 我慢してがんばればがんばるほど、苦痛が増して、自信がなくなっていく
- 最後までやり続けても、忍耐力はつかない
- 自分中心になって、「できてよかった」と思うくせをつけよう
- できないところだけをクローズアップして、自分を否定するのはやめよう

「途中でやめる」レッスンをしてみよう

やめられた自分を、丁寧に褒めてみよう

ではどうしたら、途中でやめられるようになるのでしょうか。
それは、とても簡単です。
実際に、自覚して途中でやめてみることです。
最小単位で測るとすれば、
「疲れたので、いま10分休もう」
これも途中でやめることになるでしょう。
掃除をしようと思って始めたけれども、途中で疲れたので、

「しばらく休憩しよう」

というのも、途中でやめるレッスンになります。

さらには、

「今日は、ここまでで、残りは明日にしよう」

と、決めるレッスンもできます。

たとえば部屋を片づけるとしたら、休日に一気に済まそうとするよりは、

「今日はここを。明日はトイレを。明後日はガラスを」

というふうに、分割してやる方法を身につければ、長続きするようになるでしょう。

高度なレッスンとしては、好きなゲームやＤＶＤを、途中でやめて翌日にする、という方法もあります。

いずれの場合でも、**「やめると決めて、それを実行できた自分」**を、**「行動でき**

てよかった」と、丁寧に評価してあげることです。これが継続力につながるし、また、**自己信頼を高めること**になっていきます。

「もっと続けたい」ときにやめよう

こうやって「途中でやめる」レッスンをするとき、「疲れた」と感じたあとよりも、

「そろそろ、疲れてきたなあ」

「少し、やる気がなくなってきたなあ」

「ちょっと苦痛に感じ始めたぞ」

というときにやめる、というのが非常に重要なポイントです。

というのは、ヘトヘトに疲れたり、やっていることに苦痛を覚えれば、その〝実感〟が心に残ります。すると、それを再開するとき、そのネガティブな実感が

蘇《よみがえ》ってきて、

「また、あの疲れを体験するのか。またあんな苦痛を味わうことになるのか」

「あんな感じになるのは、イヤだなあ」

などと、続けることにブレーキをかけてしまうからです。

反対に、

「もっとやりたいけれども、少し疲れてきたようなので、もう、ここでやめよう」

と、ノートパソコンの蓋を閉じるようなキッパリ感で、それをやめることができれば、**苦痛よりも、「もっと続けたいなあ」という欲求や楽しみが残ります。**

そんなポジティブな実感を抱きながらやめられれば、その実感が、次へと続けることの動機となるでしょう。

そしてまた、こんな「途中でやめる」ことが身につくと、ゆっくりと、自分のペースでやれるようになるので、自分の心と身体が感じるほうに焦点が当たるようになります。

そのとき自分が感じているのは「満足感や充実感」です。

その作業に取り組んでいるときのプロセスを、**「楽しい、おもしろい、ワクワクする」というふうにポジティブな実感を味わいながらやっています。**

こんなポジティブな感覚のセンサーの感度が高くなれば、それが継続力の原動力ともなるでしょう。

ネガティブな実感を残して、やる気をなくしてしまうのか。

ポジティブな実感の余韻を味わいながら、それを意欲や喜びとするか。

それはあなたの選び方次第です。

どんなに中途半端だと感じても、無駄なことは一つもない

そもそも自分がめざしているものが、すべて**中途半端で終わったとしても、そ**

れが「無駄だった」ということは、恐らく一つもないでしょう。実際には自分が誤ってそう認識しているだけだと言えます。

というのは、どんなにそれが中途半端であるように思えたとしても、無意識のところでは、**その中には必ずなんらかのメリットや収穫がある**からです。

たとえば、役者になれなかった、ミュージシャンになれなかった、プロスポーツ選手になれなかった、小説家になれなかったというふうに自分がめざすものになれなかったとしても、**そのプロセスにおいて、自分が獲得できたものがあります。**

仕事も同じです。仕事が長続きしなくて、転職ばかりしてきたという場合でも同じです。恋愛が長続きしない、友だち関係が長続きしない、職場での人間関係が長続きしない。こういった経験も例外ではありません。

たとえば、それを通して、人に対して緊張しなくなった。異性がこわくなくなった。人前に立ってもあがらなくなった。コミュニケーション能力があがった。

スポーツをやって健康になった。セリフを覚えることで暗記力がよくなっている。自分が気づいていないだけで、このようなメリットがあったかもしれません。

また、たとえ資格取得の試験を受けても落ちてばかりいて諦めた、という場合であっても、何年も受験勉強にいそしむことで脳を活性化させているというふうに、さまざまなメリットや収穫が必ずあります。

人間関係においては、そこに集まっている人たちの優しさに触れて、心が開いた、心の傷が癒やされた、ということもあるでしょう。職場ではこわくてできないけれども、趣味の場を、コミュニケーション能力を育てる場とすることもできるでしょう。

仲間の中では最年少ということで、みんなに可愛がられたという体験ができているかもしれません。逆に、その中で自分が最年長であれば、リーダーシップを発揮する能力が育つかもしれません。参加者の年齢層に開きがあれば、年上の人がこわくなくなるでしょう。

あるいは、自分が所属しているグループの中では、ミスをしても許されるので、自分に優しくなったというふうに、たくさんのメリットや収穫を探し出せるはずです。

また、たとえば料理教室に行った、語学を勉強した、歌を習った、けれども全部、中途半端に終わった。こういう場合であっても、将来的な見方をすると、この3つが統合されて、外国人相手のレストランで料理をつくって、そこで歌も披露するというふうに、**「中途半端」を、「未来の種」とすることもできる**のです。

ポイント

- 「もっと続けたい」という欲求があるときに、途中でやめてみよう
- 「途中でやめる」が身につくと、ポジティブ感度が高まり、継続の原動力になる
- 「やめると決めて、それを実行できた自分」を褒めてあげよう
- どんなに「中途半端」だと思っていることも、「未来の種」になっている

おわりに

つらいことに耐えてがんばるのはやめよう

もし、もっとラクで、心地よい生き方、満足できる生き方があるとしたら、わざわざ、自ら苦労を背負い込む必要があるでしょうか。

苦痛を味わいながら、それに最後まで耐えることが、素晴らしいことだとは思えません。なぜなら、もし、あなたそんな生き方をしていたら、**決して幸せにはなっていないはず**だからです。

ポジティブな人生は、ポジティブな経験の中で培われるものです。

もう一度、自分に問うてみましょう。

これまであなたは、「苦難に耐えて、最後まで」を信じていたかもしれません。

では、あなたは、そんな自分の過去を振り返って、どうなっているでしょうか。

そうすることで、自己評価は高くなっているでしょうか。

自己肯定感は、どうでしょうか。


どんな気持ちなのかは、いま、自分の心を見ればわかるでしょう。

日々、どんな気持ちで過ごしていますか。

満足していますか。充実していますか。幸せですか。

それらを、〝実感〟しているでしょうか。

もし、あなたがそうすることで、堂々と、気持ちよく、満足して人生を送っているのであれば、その「苦難に耐えて、最後まで」は、あなたの好きなことをしていることになるでしょう。むろん、そうであれば、それは「楽しく、最後まで」になっているはずです。

この本を読んで、「中途半端」であることがいかに重要であるかを理解できたのであれば幸いです。

「中途半端ではいけない」というのは、はっきりと間違っていると言えます。

一般常識では、苦しくても困難に打ち勝ち続けることが、素晴らしいことだとされていますが、つらいことに耐えてがんばることはありません。

好きなことだったり、楽しいことだったりすれば、自分に強制しなくても、続けたくなります。

私たちはもともと誰でも、楽しいこと、興味のあること、好きなことは、どれだけ時間をかけてもやり続けたいという欲求を持っています。

中途半端がいけないというのは、逆に、そんな能力や才能を削ぐことです。

自分がすでに有している能力や才能を伸ばすためにも、苦痛に感じたら「途中でやめる」を心に刻み、実践していきましょう。

石原《いしはら》加受子《かずこ》

「何《なに》をやっても長続《ながつづ》きしない人《ひと》」の悩《なや》みがなくなる本《ほん》

2019年3月28日　第1刷発行

著　者　石原加受子《いしはらかずこ》
装丁・イラスト　ナカミツデザイン
本文DTP　臼田彩穂
編　集　佐野千恵美
発行人　北畠夏影
発行所　株式会社イースト・プレス
〒101-0051
東京都千代田区神田神保町2-4-7　久月神田ビル
TEL:03(5213)4700
FAX:03(5213)4701

印刷所　中央精版印刷株式会社

ISBN 978-4-7816-1756-5 C0095